상시 재난 시대!
대국민 안전 지침서

재난탈출 생존왕

재난주관방송사 KBS 「재난탈출 생존왕」 제작팀 지음

(주)도서출판 성안당

최영재
(생존왕)

이재훈
(보통남)

문재인 대통령 대선후보 시절 찍힌 한 장의 사진으로 유명해진 특전사 장교 출신 경호원. 과거 특전사 707부대에서 대 테러 교관 임무를 맡았으며 레바논, 아랍에미리트 등 최전선 분쟁지역에서 복무했다. 10년간의 특전사 경험으로 일상 곳곳에서 벌어지는 재난, 사건 사고에서의 특급 생존법을 알려주는 재난 탈출 마스터다.

KBS 16기 공채 개그맨. <개그콘서트> '생활사투리' 코너에서 전라도 사투리로 인기를 끌었다. 대한민국 어디에서나 흔히 볼 수 있는 평범한 중장년층 남성의 전형으로, 생존왕에게 누구나 쉽게 터득할 수 있는 생존법을 전수받는다.

| 자문 위원 |

· 교통분야 TS(교통안전공단) 하승우 교수님
· 소방분야 숭실사이버대학교 소방방재학과 박재성 교수님

 본문중에 삽입되어 있는 QR코드를 스마트폰으로
인식하면 유튜브 영상으로 볼 수 있습니다.

김숙

탈출

이광용

재난
생존왕

2020년 KBS 연예대상 수상! 예능 대세이자 최고의 MC로 불리는 대체불가 개그우먼. 특유의 걸크러시 매력으로 자칫 소홀해지기 쉬운 일상 속 재난을 경고할 때 특히 강력한 공감대를 얻어낸 <재난 탈출 생존왕>의 안방마님.

KBS 대표 아나운서. 독보적 영역이었던 스포츠 중계를 뛰어넘어 교양이면 교양, 예능이면 예능! 분야를 넓히며 전성기를 구가하고 있다. 유쾌, 상쾌, 통쾌! 빵빵 터지는 시원한 진행으로 김숙과 환상의 케미를 선보인다.

지구가 심상찮다?

곳곳에 산불이 나고 빙벽이 떨어져 나가고 산이 무너지고 폭우로 집이 떠내려가고….

어느 곳은 폭설이 내리고 어느 곳은 폭염에 도로가 녹는다.

편하게 소파에 누워서 뉴스를 보다 보면 지구에 진짜 뭔 일이 일어나고 있는 게

아닌가 하는 걱정이 들기 시작한다. 결코, 호기심을 자극하는 해외토픽도 아니고

나와 상관없는 남의 일은 더더욱 아니다.

우리 지구가, 우리나라가, 우리 이웃이, 바로 내가 겪고 있는 일이다.

상시 재난 시대

우리는 지금 그야말로 상시 재난 시대에 살고 있다.

<재난탈출 생존왕>은 화재, 교통사고 등 흔하디흔한 일상 사고부터 지구온난화로

인해 발생하는 대형 재난까지 우리 주위에서 발생한 각종 재난에서 살아남는 법을

배우는 생존 지침서이다.

결코, 재난관계자나 안전 민감증 환자(?)들만을 위한 전문서적이 아니다.

집안에 비상용 가정 소화기가 반드시 필요하듯 이 책은 꼭 갖춰두고 온 가족이 함께 보아야 한다.

KBS TV 프로그램인 <재난탈출 생존왕>은 그야말로 상시 재난 시대에 어떻게 대처하면 살아남을 수 있을지, 실제와 같은 조건의 각종 실험을 통해 배워보는 프로그램이다. 화재가 났을 때 어떻게 자세를 취하고, 완강기는 어떻게 사용해야 하며, 차량 침수 시에 어떻게 빠져나와야 하고, 산에서 길을 잃었을 때 어떻게 대처해야 하는지 등을 아주 구체적으로 보여준다. 대국민 안전 지침서 <재난탈출 생존왕>은 방송 제작진이 그동안의 노하우와 자료를 정리하여, 아주 재미있고 아주 쉽게 생존법을 배울 수 있도록 만든 책이다. 다시 말하지만, 결코 어려운 전문서적이 아니다.

이 책을 보고 난 후 우리 집 소화기가 어떻게 생겼나 한번 살펴보고, 우리 집 전선 중에 노후전선은 없는지 둘러보고, 완강기 위치 한번 확인해 본다면 일단 책값은 건진다고 본다. 더 나아가 지구가 왜 이렇게 심상찮게 돌아가고 있는지 한번 생각해보고 내가 당장 할 수 있는 일이 무엇인지 잠깐 고민해본다면 '우리 동네 생존왕' 타이틀까지 얻을 가능성이 커진다. 그런 고민을 통해서, 그리고 이 책을 통해서 우리 모두가 '캡틴 초이' 같은 '슈퍼울트라 히어로 생존왕'이 되는 그날을 기대해본다. 나아가 우리나라 모든 가정의 책장에 우리 책이 꽂히는 그 날을 상상해본다.

최성일PD

목
차

01

위험천만! 교통사고 2차 사고

언제, 어디서, 누구에게나
일어날 수 있는 교통사고!

교통사고로 인해 정차한 차량 안에
운전자가 오래 머무를수록,
2차 사고의 위험은 높아진다.

목숨을 위협하는
2차 사고를 피하려면 어떻게 해야 할까?

생존왕

충돌 후 또 충돌!
순식간에 일어나는 2차 사고

달리던 차가 갑자기 고장이 나거나 교통사고가 나면 당황하기 마련이다. 그런데 당황한 사이 생명을 위협하는 2차 사고의 위험은 점점 커진다. 1차 사고로 정차한 차량에 뒤이어 오던 차량이 다시 충돌하는 것이다. 뒤에 오는 운전자에게는 앞차가 서있어도 움직이는 것처럼 보이거나, 사고 차량이 쉽게 눈에 띄지 않아 2차 사고가 일어나기 쉽다.

문제는 2차 사고가 인명피해로 이어진다는 것이다.

2차 사고 치사율은 평균 54.2%로 일반 교통사고 치사율, 평균 9.1% 보다 무려 6배 가량 높다.

그렇다면 2차 사고의 위험에서 어떻게 벗어날 수 있을까?

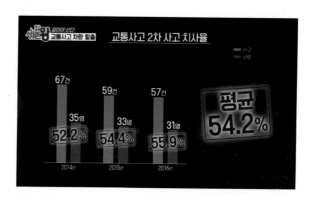

생존왕 상식

Q 교통사고 2차 사고란?

교통사고나 고장으로 정차해 있던 차량과 뒤따르던 차량이 충돌해 발생하는 사고

1차 사고에 이어 발생하는 2차 사고의 위험!

정차된 차량에 추돌한 승용차!

생명을 위협하는
끔찍한 사고로 이어지는 2차 사고

실제 2차 사고 치사율은
일반 교통사고의 6배 이상!!

추돌, 전도, 전복 등
다양한 이유의 사고 차량

사고 시 제대로 대처하지 못하면
나의 이야기가 될 수 있다!

교통사고가 발생했다면 최대한 빨리, 안전하게 탈출하라!

생존왕 알아야 산다 교통사고 차량 탈출

탈 교통사고 발생 시 가장 중요한 것 출

생존왕 알아야 산다 교통사고 차량 탈출

자료화면

미스터 생존왕이 알려주는
사고 유형별 탈출법 대공개!

알아야 산다!
교통사고 차량 탈출

상황1

차량의 모든 출입구가 막혔다면?

차량의 모든 출입구가 완전히 막힌 상황!

(사고 시) 앞에 있는 차량을 발견하지 못하고 추돌이 일어나서 밀착 되는 경우가 있을 수 있습니다

먼저 장황 파악

차량 시동이 꺼져 있는지 확인

생존팁
!

당황하지 말고
시동이 꺼져 있는지
확인한다.

차량 시동이 켜져 있을 시
화재 등 2차 사고 유발 가능성

열리지 않는 차 문!

차 유리 깨고 탈출하기

나갈 수 있는 공간이 앞쪽으로 제한되어 있기 때문에
앞쪽 (유리를) 깨야 하는데,이게 깨기가 쉽지 않을 겁니다

021

상황2

90도 전도된 차량에서 탈출하라!

알아야 산다 교통사고 차량 탈출

2차 사고의 위험을 불러올 수 있기에 **뒷면 탈출은 특히 위험!**

차량이 90° 전도됐다면 막혀있지 않은 상단의 문으로 탈출 시도!

문이 매우 무겁습니다..
힘이 부족한 분들은 밟을 수 있는 부분을 확인하는데요.

생존팁
!

문이 매우 무겁기 때문에
문을 갑자기 놓으면
위험하다.

상황3

180도 전복된 차에서 탈출하라!

180도 뒤집힌 차량!

알아야 산다 교통사고 차량 탈출

1단계 전복 상황 시 머리를 보호안다

2단계 손과 발을 안전하게 지지한 뒤 안전벨트를 해체한다

머리 받침대 발견!

생존팁
!

포인트는
유리의
가장자리
공격!

**모든 탈출구가 막혔을 경우
차량 내부 도구를 활용해 유리창을 깬다**

**4단계 주변 확인 후 신속하게
안전한 공간으로 대피한다**

생존왕 캡틴 초이의 생존노트

사고 시 차량의 유리를 깨는 도구

교통사고가 났을 때 문이 열리지 않는다면, 차량의 유리를 깨서 신속하게 탈출해야 한다. 하지만 차 안에서 구할 수 있는 물건은 제한돼 있다. 과연, 어떤 도구로 유리를 깰 수 있을까?

하이힐　　　휴대폰　　　안전벨트　　　차량용 비상 망치

생존왕팁

1. 차량용 비상 망치는 꼭 품질이 검증된 것으로 구입해야 한다.
2. 비상 망치를 사용할 때는 유리의 가장자리를 가격해야 쉽게 파손시킬 수 있다.

더 안전라이브
1차 사고 후 2차 사고를 막는
대처 요령!

2차 사고 예방
올바른 안전 조치는?

그래서
준비한 실험!

6가지 안전용품으로 실험

안전용품의 거리별
식별효과 실험!

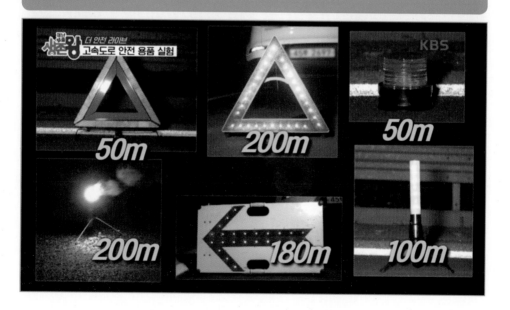

믿었던 안전용품들의
실망스러운 결과

안전용품 설치 중 2차 사고가
발생할 수 있으니 조심!

안전 용품 설치 도중
위험한 상황 발생 가능

2차 사고 방지를 위한
올바른 안전 조치는?

1차 사고 후 대처 요령을 꼭 알아두자!

1차 사고 시
1. 비상등을 켜라!

주위 차량 확인 후
2. 눈에 잘 띄게 트렁크를 개방하라!

3. 안전한 곳으로 신속히 대피!

여건이 된다면 안전조치 실행!
그렇지 않으면 대피가 우선이다.

4. 사고 신고 접수 112, 한국도로공사(1588-2504)

02

일어나지 말아야 할 최악의 상황

자동차 침수 <

해마다 찾아오는 장마와 폭우!
갑작스럽게 불어난 물에 자동차가
침수되면 인명 사고도 피할 수 없다.

폭우로 차량에 갇히거나 하천에 빠졌다면
어떻게 탈출해야 할까?

생존왕 !

목숨을 앗아가는 자동차 침수 사고

2020년 여름은 '대한민국 수水난시대'였다.
무려 54일간 한반도 전역에 약 920mm의 국지성 물 폭탄이 쏟아졌고,
집과 도로가 물에 잠겼다. 이는 1973년 기상청이 통계 작성을 시작한
이후 역대 최장 장마 기간, 두 번째 최다 강수량으로 기록됐다.

특히 부산의 한 지하차도에서는 한꺼번에 내린 비에 순식간에 차량이 침수되는
안타까운 사고가 벌어졌다. 이 사고로 4명이 부상을 입었고,
침수된 차량에서 미처 탈출하지 못한 3명은 목숨을 잃었다.

차량 침수는 우리에게 더 이상 남의 일이 아닌, 미리 대비해야 하는
재난이다. 차량 침수 시 대처법을 알아본다.

갑작스럽게 일어나는 자동차 침수 사고!
무엇보다 탈출 요령을 정확하게 알아야 한다

2020년 여름
대한민국 역대 최장 장마

지난 7월
부산의 침수 사고

최대 시간당 81mm 폭우

30mm의 폭우가
2시간 넘게
지속되면
도로가 침수되기
시작한다

완전 침수 차량 탈출법

수심 1.2m
안전한 깊이에서 실험 진행

순식간에 차오른 물!

탈출법

물이 더 들어와!

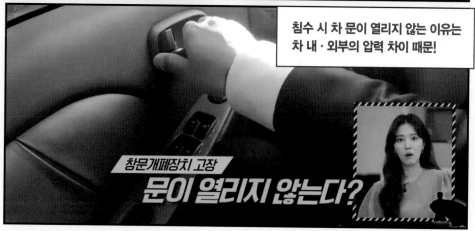

침수 시 차 문이 열리지 않는 이유는
차 내·외부의 압력 차이 때문!

창문개폐장치 고장
문이 열리지 않는다?

완전 침수 차량! 어떻게 탈출해야 할까?

차 내·외부의
수압이 같아질 때까지 기다려야 한다!

물이 차올라 무섭지만
차 내·외부의 수압이
같아질 때까지 기다리자!

저 이러다 진짜 잠기겠어요

이제 물 높이를 보시면

정말 같아진 물의 높이!

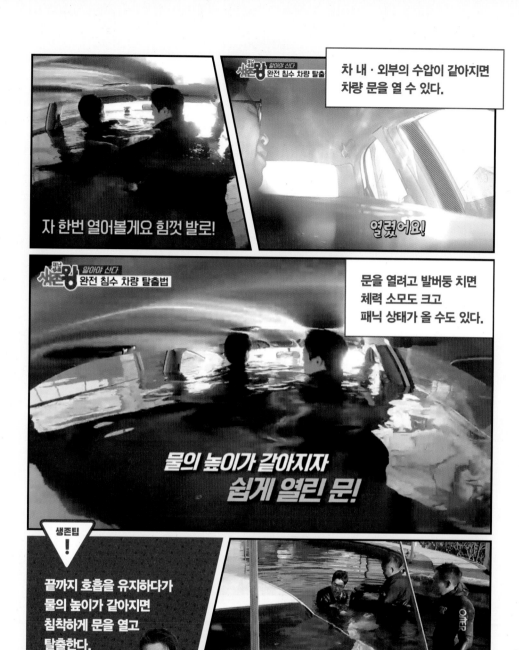

차 내·외부의 수압이 같아지면
차량 문을 열 수 있다.

자 한번 열어볼게요 힘껏 발로!

열렸어요!

문을 열려고 발버둥 치면
체력 소모도 크고
패닉 상태가 올 수도 있다.

물의 높이가 같아지자
쉽게 열린 문!

생존팁
!

끝까지 호흡을 유지하다가
물의 높이가 같아지면
침착하게 문을 열고
탈출한다.

나왔어요!

탈출 성공!

생존왕 캡틴 초이의 생존노트

차량 유리를 깨는 도구를 차량에 비치해 두기

만약 침수된 차의 문이 열리지 않는다면 유리창을 깨서라도
필사의 탈출을 해야 한다.
혹시 모를 최악의 상황에 대비해, 물속에서도 쉽게 유리를 깰 수 있는
유리 파괴기나 센터펀치 같은 간단한 도구를 차량에 비치해 두자.

040

03

대형 참사를 부르는 작은 불씨

화재 사고

화재 사고를 다룬 뉴스의 내용은 보통
두 가지로 나뉜다. '신속히 대피하여
인명피해를 줄였다.' 아니면, '미처 대피하지
못하여 화상, 질식 피해가 커졌다.'

순식간에 사방으로 번지는 화재 사고에서
소화만큼이나 대피도 중요하다.

모든 것을 집어삼키는 화마 속에서 어떻게
벗어나야 할까?

2020년 화재 사고 총 4만 102건
인명피해 2,515명
사망 285명

아무 생각 없이 버린 담배꽁초, 문어발식 전기 콘센트, 부주의한 난방 기구 사용 등에서 비롯된 작은 불씨는 무시무시한 화마로 이어진다. 그리고 짧은 시간에 수많은 인명피해를 가져온다.

특히, 화재 사고로 인한 인명피해 1위는 화상, 2위는 연기 및 유독가스 흡입이다. 불길이 걷잡을 수 없을 만큼 커지기 전에 신속하고 안전하게 대피해야 인명피해를 줄일 수 있다.
불길이 치솟는 아비규환 속에서 어떻게 나를 지켜야 할지 알아본다.

인명피해로 이어지는 화재 사고
불길과 유독가스를 피해 탈출해야 한다!

[2020년]
작년 한 해
화재 사고 4만 102건!

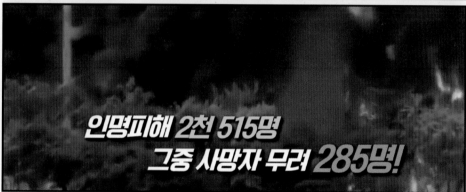

인명피해 2천 515명
그중 사망자 무려 285명!

알아야 산다
화재 현장에서 탈출하라

유독가스를 벗어나야
인명피해를 줄일 수 있다.

사망원인
연기, 유독가스 흡입, 화상 등 41.8%

화재 사고에 대처하는 방법은?

알아야 산다!
화재 사고 탈출법

상황1

플래시오버를 주의하라!

여러분들이 체험할 훈련장은 플래시오버 훈련장입니다

알아야 산다
화재 현장 탈출 포인트는?

생존팁
!

플래시오버(Flashover)란?

천장에 모인 가스의 온도가
발화점에 도달했을 때
폭발하는 현상.

생존왕

캡틴 조이도 긴장한 모습

영화 속에서 보던 플래시오버 상황!

화재 진행과 함께 발생하는 연기

순식간에 쾅 하고 폭발!

유독 성분과 가연성 증기가 가득한 연기는 천장으로 모이는데

그 순간!

알아야 산다 화재 현장 탈출 포인트는?

순식간에 발생한 플래시오버!

플래시오버 상황에서 탈출하는 방법은?

화염+연기 층
상층부

탈출 가능 공간
하층부

알아야 산다
화재 현장 탈출 포인트는?

출 포인트는?

자세를 낮춰 재빠르게 탈출!

연기를 피해
최대한 자세를 낮추는 게 포인트!

생존팁
!

전문가용 헬맷도 260°에서 약 5분 정도만 버틸 수 있으므로
헬맷을 착용하더라도 낮은 자세를 유지해야 한다.

상황2

백드래프트를 주의하라!

백드래프트(Backdraft)란?

산소가 부족한 밀폐된 공간에
외부 산소가 갑자기 유입되어
폭발하는 현상

알아야 산다
화재 현장 탈출 포인트는?

화재 현장에서 소방대원들이
가장 두려워하는 것 백드래프트!

현장에서 백드래프트를 만나면

그날 사망하는 겁니다

백드래프트 상황 연출

점화하겠습니다

절대 따라하지 마세요!

점화한 지 얼마 되지 않아
매섭게 퍼지는 연기

이

화재 현장 탈출 포인트는?

때

순식간에 폭발

무섭게 뿜어져 나오는 불길!

생존왕 캡틴 초이의 생존노트

화재현장에서 탈출할 때 알아야 할 4가지 포인트

 유독가스를 피해 자세를 낮춘다.

 젖은 수건으로 호흡기를 보호한다.

 한 손으로 만 벽을 짚고 이동한다.

 문을 열기 전 뜨거운지 확인한다.

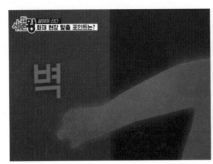

상황3

저층건물 화재 탈출법

10층 이하 저층 건물에서 불이 났다면 어떻게 탈출해야 할까?

화재 시 생명줄인 완강기 사용법

생존팁 !

10층 이하
건물 화재 시,
출입구가 막혔다면
완강기 사용!

완강기

속도조절기

후크

릴

이에 걸고 사용하세요
t under your armpit

가슴벨트

보호대를
Take

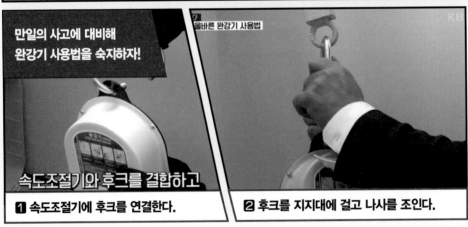

만일의 사고에 대비해
완강기 사용법을 숙지하자!

올바른 완강기 사용법

속도조절기와 후크를 결합하고

① 속도조절기에 후크를 연결한다.

② 후크를 지지대에 걸고 나사를 조인다.

③ 지지대를 창밖으로 꺼낸다.

④ 줄을 창밖으로 던진다.

⑤ 벨트를 겨드랑이에 밀착 착용한다.

⑥ 팔을 벌리고 벽면을 따라 내려간다.

생존왕 캡틴 초이의 생존노트

완강기 위치 미리 파악하기

저층 건물에 화재가 발생했을 때, 화염이나 연기로 탈출구가 막혔다면
완강기를 이용해 안전하게 탈출할 수 있다.
그렇다면 완강기는 어디에 있을까?

완강기는 소방법상, 외벽에 장애물이 없고 출입구와 멀어서 고립되기
쉬운 곳이나 피난하기 쉬운 곳에 설치한다.
화재 시 생명줄이 되는 완강기의 위치를 미리 파악하여
저층 건물 화재사고에 대비하자!

더 안전라이브
화재현장에서 생명을 지키는
방화문 관리 방법!

화재 현장
가장 중요한 생명의 문

실제 화재 상황 시
방화문의 효과는?

심각

빠르게 확산하는 연기

방화문이 정상적으로 닫혀
있을 경우 연기에 반응 없다!

반면 방화문 반대쪽 상황은
아무 반응이 없는

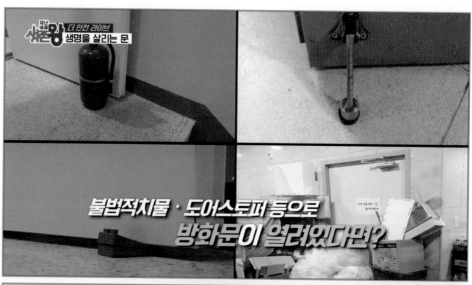

불법적치물 · 도어스토퍼 등으로
방화문이 열려있다면?

서해열 / 경민대학교 소방안전관리과 교수

실제 화재가 발생했을 때는
연기가 가시거리를 악화시킬뿐더러

독성 가스, 마취 가스, 자극성 가스가 있어서
지금보다 더 심각한 상황이 (됩니다)

2018년 화재 사망자 원인별 추이

연기로 인한 질식사

226

1 — 넘어지거나 미끄러짐
226 — 연기, 유독가스 흡입
13 — 뛰어내림
76 — 미상
19 — 기타

화재사고 시 가장 큰 사망원인은 '유독가스' 흡입!

방화문 관리 어떻게 해야 할까?

화재 시 생명을 살리는 방화문 관리법을 잘 익혀두자!

첫째
방화문 고무 패킹 정상 확인

둘째
문이 닫히게 도와주는 홀더 상태 확인

자동으로 닫히는 걸
확인 또 확인!!

비상유도등 앞
쌓아놓는 불법적치물은

비상 상황 시
빠른 탈출을 막는 장애물

반드시 근절되어야할 불법행위
방화문 앞 불법적치물

방화문 앞 불법 적치물은 화재 시 생명을 앗아갈 수 있다.
당장, 우리집 방화문 앞 불법 적치물을 치우자!

04 해양 사고 1 낚싯배 사고

바다에서도 안심할 수 없는
충돌, 전복, 화재 사고!

특히, 낚싯배와 같이 크기가 작은
소형 선박은 사고가 나면 순식간에
전복되어 큰 피해로 이어질 수 있다.

낚싯배 사고가 났을 때
생존하는 방법은 무엇일까?

났다하면 대형피해! 낚싯배 사고

 2017년 12월, 인천 영흥도 해상에서 9.77t의 낚싯배와 336t의 급유선이 충돌하는 사고가 발생했다. 이 사고로 낚싯배가 완전히 뒤집혀 승선원 22명 중 15명이 사망하는 큰 인명피해를 입었다.

이렇게 갑작스럽게 일어나는 큰 사고에서 생존하는 것은 정말 어려운 일이다. 하지만 미리 대비한다면 생존확률을 조금이라도 높일 수 있다.

낚시 인구 천만 시대! 충돌, 화재, 전복 등 선박 사고도 더불어 증가하고 있다. 낚시 중 위험한 상황이 닥쳤을 때 생존하는 방법에 대해 알아본다.

낚싯배 사고에서 생존 확률을 높여라!

코로나 19시대
야외 레저 활동 증가

바다낚시를 즐기다가
사고를 당한다면?

인천 영흥도 해상
9.77t의 낚싯배와 336t의 급유선 충돌 사고

사고에서 생존하는 법

승선원 22명 중 15명 사망

알아야 산다
낚싯배 사고에서 생존하는 법

침몰·전복 시
생존율이 낮은 낚싯배

낚싯배 사고에서 생존확률을 높이려면 어떻게 해야 할까?

낚시어선 안전 수칙
배의 구조를 파악하라

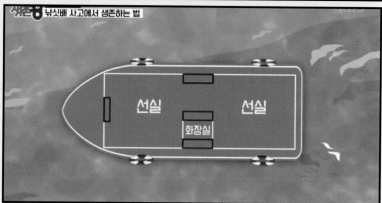

낚싯배 사고에서 생존하는 법

선실   선실
화장실

배의 구조를
알고 있어야
구조 요청을
쉽게 할 수
있다.

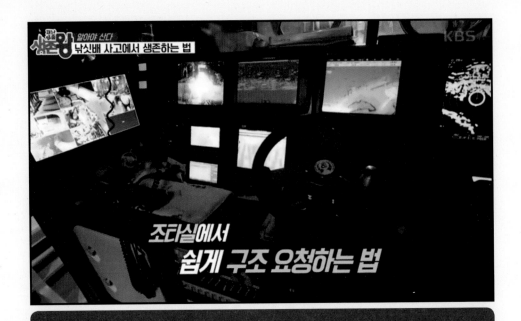

조타실에서
쉽게 구조 요청하는 법

조타실의 조난 버튼 위치를 꼭 확인하자!

조난 버튼 위치를 파악하면
일반 승객도 구조 요청 가능

알아야 산다!
낚싯배 사고 생존법

상황1

침수되는 선박에서 탈출하라

생존하는 법

침수 선박을 재현하여 탈출 시도!

알아야 산다
침몰한 선박에서 탈출하는 법

Search And
Rescue Simulator-2

선실을 완전히 침수시킬 예정

침수 시작!

침몰한 선박에서 탈출하는 법

KBS

사고가 나면
선박이 기울어지면서 선실이 침수되기 시작

선박에서 탈출하는 법

금세 목까지 차오르는 물

알아야 산다
침몰한 선박에서 탈출하는 법

과연 생존왕은
침수 선실에서 탈출할 수 있을까?

알아야 산다
침몰한 선박에서 탈출하는 법

당황하지 말고
생존 수칙을 기억하자!

침수가 시작되면
1. 높은 곳으로 올라가 호흡 확보
2. 최대한 침착함 유지

완전히 물에 잠긴 선실에서
탈출 시도

선박에서 탈출하는 법
KBS

가볍게 힘을 주어
천천히 문을 열 것

생존팁
!

문 안팎의 수압이 같으면
문이 쉽게 열린다.
호흡 확보와 침착함 유지가 관건!

열렸다

생존왕 알아야 산다
침몰한 선박에서 탈출하는 법
KBS

출입문을 열고
무사히 선실 밖으로 탈출

상황2

갯바위
사고에서
살아남는 법

갯바위 낚시를 시작할 차례

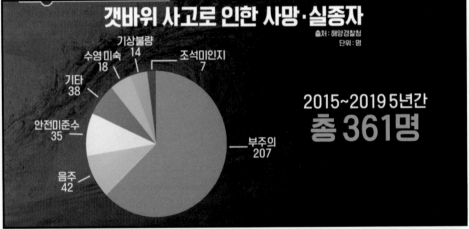

갯바위 사고로 인한 사망·실종자

출처: 해양경찰청
단위: 명

- 기상불량 14
- 조석미인지 7
- 수영 미숙 18
- 기타 38
- 안전미준수 35
- 음주 42
- 부주의 207

2015~2019 5년간
총 361명

갯바위 사고에서 살아남는 법

옷도 얇은데
부상까지 당한 보통남

사고에서 살아남는 법
갯바위 아래로 내려가기 시작하는데

갯바위 사고에서 살아남는 법
결국 갯바위에서 미끄러진 보통남

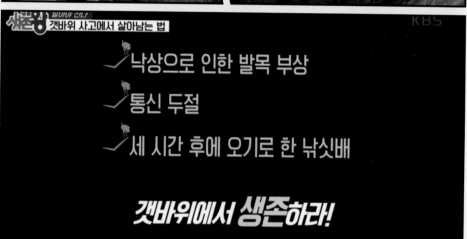

생존왕 갯바위 사고에서 살아남는 법

낙상으로 인한 발목 부상

통신 두절

세 시간 후에 오기로 한 낚싯배

갯바위에서 생존하라!

간단한 도구를 이용한
발목 부상 응급 처치법!

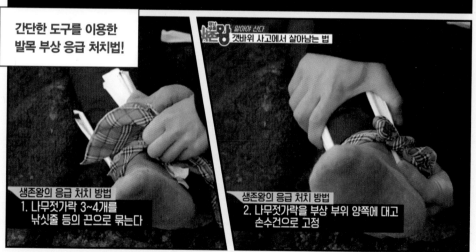

살아야 산다
생존왕 갯바위 사고에서 살아남는 법

생존왕의 응급 처치 방법
1. 나무젓가락 3~4개를
   낚싯줄 등의 끈으로 묶는다

생존왕의 응급 처치 방법
2. 나무젓가락을 부상 부위 양쪽에 대고
   손수건으로 고정

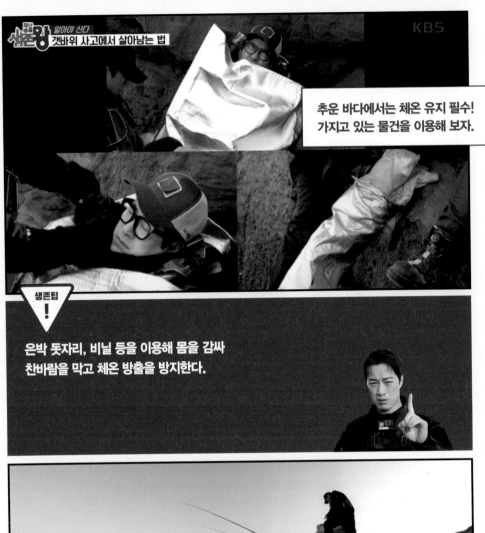

추운 바다에서는 체온 유지 필수!
가지고 있는 물건을 이용해 보자.

생존팁

은박 돗자리, 비닐 등을 이용해 몸을 감싸
찬바람을 막고 체온 방출을 방지한다.

만일의 사태를 대비해
기본적인 구조 신호 용품 준비

불꽃신호기　　　　연막탄

구조 신호 용품은 어떻게
사용하는지 미리 알아두자.

연막탄
· 연막탄의 고리를 수평으로 잡아당겨 점화
· 용량에 따라 1~5분 지속

불꽃신호기
· 사고 사실을 알리기 위한 신호 용품
· 성냥을 켜듯 손쉽게 발화 가능, 20~30분 지속

구조 신호를 발견한
해양 경찰

구조를 당할 때
행동 수칙은?

구조요원을 믿고
부력용품에 의지할 것

갯바위 고립 생존 성공

생존왕 캡틴 초이의 생존노트

구명조끼를 확인하라

바다낚시를 할 때 가장 중요한 안전장비는 구명조끼다. 일반적으로 플로팅 구명조끼를 사용하지만, 낚시를 할 때는 활동성을 높이기 위해 팽창형 구명조끼를 많이 사용한다. 팽창형 구명조끼는 수분이나 수압을 감지하면 가스가 나와 튜브를 팽창시킨다. 불량이거나 오작동이 있으면 생명이 위험해지기 때문에 해수부의 형식 승인을 받았는지 꼭 확인해야 한다.

수분 또는 수압 감지 시 팽창한다.

05

해양 사고 2
여객선 사고

적게는 수십, 많게는 수천 명이 타는
바다 위의 여객선.

수많은 사람이 이용하는 만큼
사고가 나면 대형 피해로
이어질 가능성이 크다.

여객선 사고가 났을 때
어떻게 대처해야 할까?

대형사고로 이어지는
여객선 사고

2009~2019년 우리나라 여객 수송실적 통계에 따르면, 매년 1,400만 명 이상의 승객이 여객선을 이용하고 있다.

인구의 4분의 1이 사용하는 만큼 사고도 잦다. 선박사고는 2019년 기준, 최근 5년간 매년 증가하는 추세다.

하지만 여객선 사고가 발생했을 때 어떻게 대처해야 하는지, 살아남는 법은 무엇인지 아는 사람은 드물다.

만약, 내가 탄 여객선이 사고로 침몰한다면 어떻게 해야 할까?

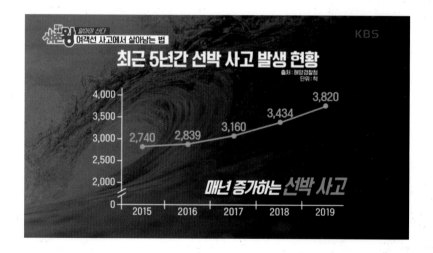

알아야 산다!
여객선 사고 생존법

상황1

기울어지는 객실에서 탈출하라

해양 사고 2탄
여객선 사고에서 살아남는 법

침몰하는 객실 재현!

알아야 산다
기울어지는 객실에서 탈출하라

20°부터 최대 80°까지
기울어지는 객실

사고가 나면
점점 한쪽으로 기울어지는 여객선

기울기 20° : 몸을 가누기가
힘들어지기 시작

첫 번째 상황
20° 기울어진 객실

가만히 서 있어도
기울어진 것처럼 보이는 신체

기울기 30° : 몸을 가누기 버거움

두 번째 상황
30° 기울어진 객실

기울어진 쪽으로
계속 미끄러지는 상황

기울기 50° : 어지럼증으로 판단력이 흐려짐

현재 기울기 50°

40°~45°가 되면 바닷물이 들어오기 시작

지지대를 잡고 서기도 힘든 상황

도저히 일어설 수 없는 각도 50°

쿵

실제 상황이라면 더욱 탈출하기 어려운 각도

기울기 80° : 탈출 불가

80° 기울어진 객실!
과연 탈출할 수 있을까?

완전히 손잡이에 매달린 보통남

(서 있는 게 아니라 누워 있음)

탈
출
불
가

※ 현재 객실 상황 ※

이 정도 각도가 되면 탈출이 불가능합니다

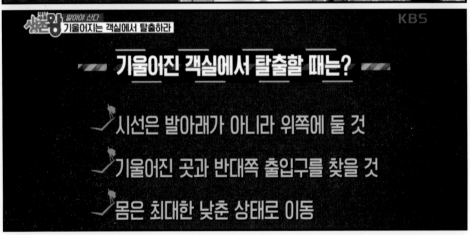

상황2

구명뗏목을 이용해 탈출하라!

생존팁 !

선장과 승무원의 안내에 따라 구명뗏목 등이 설치된 비상소집장소로 이동한다. 만약, 안내가 없을 시 가장 높은 갑판으로 향한다.

갑판으로 탈출했다면 **이것부터 찾아라**

팽창식 구명뗏목

알면 쉬운 **구명뗏목 사용법**

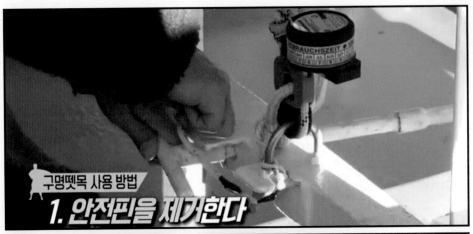

구명뗏목 사용 방법
1. 안전핀을 제거한다

구명뗏목 사용 방법
2. 레버를 당긴다

구명뗏목 사용 방법
3. 연결 줄을 끝까지 당긴다

생존왕 캡틴 초이의 생존노트

구명뗏목 속 28가지 생존 용품 알아보기

구명뗏목을 탈 때 위급하다고 바다로 직접 뛰어내리면 더욱 위험하다.
특히, 대형 여객선은 갑판이 높아서 안전하게 다이빙하기가 힘들고, 바다에서
구명뗏목에 오르는 것도 어렵다. 겨울이라면 저체온증이 올 수 있으니
구명뗏목을 타야 할 상황이라면 꼭 배와 연결된 사다리를 이용한다.
안전하게 구명뗏목에 탑승했다면 생존 용품이 들어있는 가방을 연다.
최대 25명이 한 달간 버틸 수 있는 다양한 생존 용품이 구비되어 있다.

구명뗏목 속 28가지 의장품

구난 식량	구난 식수	구명 부륜	보온구
낚시도구	응급의료구	뱃멀미 방지약	뱃멀미용 주머니
노	물푸개	스펀지	씨 앵커
컵	나이프	깡통따개	안전 가위
생존 지침서	행동 지침서	구명 신호 설명표	수리 용구
로켓 낙하산 신호	신호 홍염	발연부 신호	호각 또는 음향 신호
일광 신호용 거울	수밀전기등	레이더 반사기	공기주입펌프 또는풀무

더 안전라이브

캠핑 전성시대!
안전하게 캠핑을 즐기려면 난로 사용에 유의하자!

코로나19 시대 캠핑 열풍

매년 발생하는 캠핑 안전사고

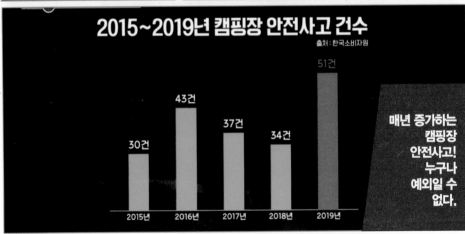

2015~2019년 캠핑장 안전사고 건수

출처 : 한국소비자원

- 2015년 30건
- 2016년 43건
- 2017년 37건
- 2018년 34건
- 2019년 51건

매년 증가하는 캠핑장 안전사고! 누구나 예외일 수 없다.

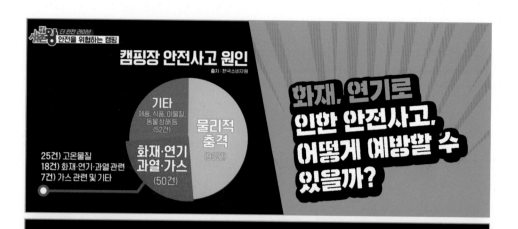

캠핑장 안전사고 원인
출처 : 한국소비자원

기타
제품, 식품, 이물질,
동물상해 등
(52건)

물리적
충격
(93건)

화재·연기
과열·가스
(50건)

25건) 고온물질
18건) 화재·연기·과열 관련
7건) 가스 관련 및 기타

화재, 연기로 인한 안전사고, 어떻게 예방할 수 있을까?

재난
생존왕 이 알려드리는
안전한 난로 사용법

난로 안전 수칙 1
밀폐된 텐트 내 난로 사용 절대 금지

이산화탄소에 중독될 수 있으니
텐트 안에서 난로를 사용하지 않는다.

난로 안전 수칙 2

난로 사용 시, 텐트 수시로 환기

난로 안전 수칙 3

일산화탄소 경보기 텐트 내 비치

일산화탄소가 일정 농도 이상
높아지면 경보음 발생!

난로 안전 수칙 4

난로 안전망 설치 필수

화재 예방을 돕는
방염포, 소화기 준비!

소화기는 필수!
안전하게
캠핑을 즐기자!

겨울철 교통사고, 블랙 아이스

06

아차! 하는 순간 이미 현실이 되고 마는
예측 불가능의 겨울철 교통사고!

보이지 않아 더 치명적인 그것은
도로 위의 살얼음, 블랙 아이스다.

브레이크를 밟아도 무용지물인
블랙 아이스를 만났을 때,
어떻게 대처해야 할까?

겨울철 교통사고 사망원인 1위 블랙 아이스

겨울이 되면 어김없이 찾아오는 불청객이 있다. 겨울철 교통사고 사망원인 1위, 블랙 아이스다.

블랙 아이스가 생긴 도로는 일반 도로보다 14배, 눈길의 6배나 미끄럽고 운전자의 눈에 잘 띄지 않는다. 특히, 시속 50km로 주행할 때 마른 노면보다 제동거리도 4배 이상 길기 때문에 각별한 주의가 필요하다.

블랙 아이스를 만났을 때 어떻게 대처해야 안전할까?

블랙 아이스(Black Ice)

Q 블랙 아이스란?

도로 위에 얼음이 얇게 얼어붙은 현상.
매연, 먼지 등이 섞여 얼어붙기 때문에 검은 빛을 띤다.

겨울철 도로 위의 불청객! 블랙 아이스

겨울철 교통사고 사망 원인 1위
블랙 아이스

육안으로는 식별 불가!
사고를 예측할 수 없는
블랙 아이스

블랙 아이스의 미끄러움
일반 도로의 14배 눈길의 6배

브레이크를 밟아도
무용지물이라는 거잖아요?

미스터 생존왕이 준비한
블랙 아이스 사고 생존법

알아야 산다!
블랙 아이스 대처법

상황1

블랙 아이스 얼마나 위험할까?

블랙 아이스 대처법

약 300m 길이의
인공 블랙 아이스 재현

알아야 산다
도로 위 살얼음, 블랙 아이스 대처법

초대형 스케일

시속 60km의 속도에서
블랙 아이스를 만난다면?

블랙 아이스를 만나자마자
미끄러지는 차량

깜짝

놀람

미끄러지는 바퀴

바퀴가 헛돌고 멈추질 않아요

브레이크도 소용없는 블랙 아이스 사고

얼음, 블랙 아이스 대처법

시속 100km로 달리는 상황이라면?

위 살얼음, 블랙 아이스 대처법

(내가 뭘 들은 거지??)

절대 따라하지 마세요!

모든 실험은 전문가 동승 하에 안전하게 진행했습니다

블랙 아이스 위험이
이 정도일 줄은 몰랐어요

시속 100km 달리면,
핸들도 브레이크도 무용지물!

통제 불능

차선 이탈은 물론
2차 사고의 위험까지

상황2

블랙 아이스 대처법

블랙 아이스 위에서 안전하게 생존하라

블랙 아이스를 만났을 때 안전한 생존법 대공개!

알아야 산다 블랙 아이스 위에서 안전하게 생존하라

KBS

핸들 조작으로 차체의 중심을 잡는 것이 관건!

알아야 산다 블랙 아이스 위에서 안전하게 생존하라

차의 앞면이 오른쪽으로 기울면 핸들은 왼쪽으로

알아야 산다 블랙 아이스 위에서 안전하게 생존하라

차의 앞면이 왼쪽으로 기울면 핸들은 오른쪽으로

블랙 아이스를 만났다면 당황하지 말고 핸들로 중심을 잡자!

생존왕 캡틴 초이의 생존노트

블랙 아이스가 자주 발생하는
상습 구간(그늘진 골목길, 굽은 도로, 터널 출입구 등) 주의하기

블랙 아이스는 도로 표면에 매우 얇게 생기기 때문에 마치 도로가 젖은 것처럼
보인다. 그래서 운전자가 미리 발견하고 대처하기가 매우 어렵다.
겨울철이 되면 블랙 아이스가 자주 발생하는 구간을
미리 파악하고 안전사고에 대비해야 한다.

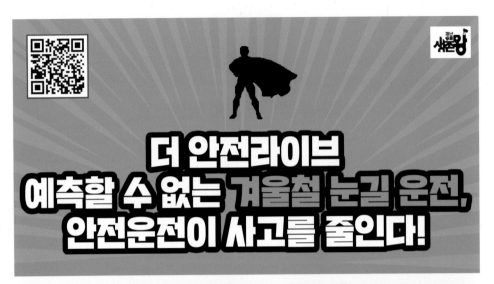

더 안전라이브
예측할 수 없는 겨울철 눈길 운전,
안전운전이 사고를 줄인다!

눈길 운전 사고

눈길 운전으로 발생하는 교통사고!

사고

연쇄 추돌사고로 이어질 수 있어 더 위험

대형사고로 이어지는 눈길 미끄러짐 사고!

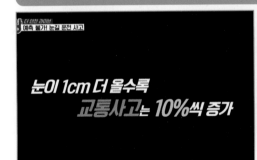

더 안전 라이브
예측 불가 눈길 운전 사고

눈이 1cm 더 올수록
교통사고는 10%씩 증가

불가 눈길 운전 사고

눈길 사고 통계
출처 : 삼성교통안전문화연구소

적설량	사고 건수	사고 증가율
눈이 오지않은 날	2,533건	
1~2cm	3,234건	↑18.5%
3~4cm	4,050건	↑10.8%
6~7cm	5,148건	↑14.8%

눈길 안전 운행법 재난왕에서 정리해드립니다

눈길 안전 운행법
1. 급출발 절대 금지!

커브길에서는 최대한 안쪽으로 조심조심!

눈길 안전 운행법
2. 커브길에서의 주의점

평소보다 안쪽으로 돌아서
안전거리를 확보할 것

눈길 안전 운행법

3. 브레이크는 여러 번 나눠서 밟기

하나 더

눈길에서는 평소보다
2~3배의 차간거리 확보!

눈길에서는 제동거리가 길기 때문에 차간거리 확보 필수!

가장 안전한 건
저속 주행입니다

07 겨울철 궁금한 산행사고

눈 덮인 능선과 아름다운 상고대를
볼 수 있는 겨울 산행은 산행의 백미로 꼽힌다.

하지만 낭만적인 풍경에 취해 방심
하다가는 생존을 위협하는 상황을 만날 수 있다.

겨울 산행에서의 생존법은 무엇일까?

생존왕

한파 속 급증하는 돌발 상황!
겨울철 산행사고

코로나19 상황이 장기화되면서 비교적 밀접 접촉을 피할 수 있는 등산이 2030세대의 새로운 취미로 떠올랐다. '산린이(산+어린이)'라는 신조어까지 등장할 정도로 등산에 대한 열기가 뜨겁다.

하지만 겨울 산행은 일몰시간이 빠르고 기상을 예측할 수 없다. 또 길을 잃거나 부상, 저체온증 같은 사고의 절반 이상이 겨울에 집중되는 만큼, 안전을 위한 철저한 준비가 필요하다.

안전한 겨울 산행법과 함께 조난 위험에서 생존하는 법을 알아보자.

발목을 다쳐
움직일 수 없는 커플남

생존팁
!

주변 지형지물을 적극적으로
활용하여 다친 부위에
부목을 한다.

커플을 구하기 위해
캡틴 등장

1. 나뭇가지를 종아리 길이로 자른다

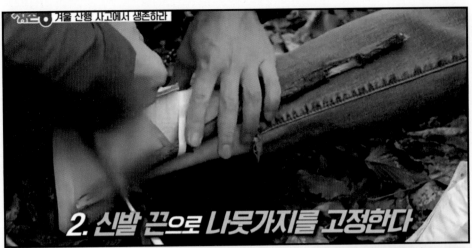

2. 신발 끈으로 나뭇가지를 고정한다

3. 스카프로 다친 부위의 체온을 유지한다

겨울 산에서 조난 당했을 때 생존법

구조대원이 도착할 때까지
방풍 비닐로 체온 유지

생존팁
!

방풍용 비닐은 외부의 한기를 막고
체온을 보호해 준다.
가벼워서 휴대하기 좋다.

106

늦은 밤 산에서 길을 잃는다면?

PM 08:00

밤이 깊어갈수록
더욱 낮아지는 기온

추위를 버틸 수 있는
은신처를 찾아라!

은거를 할 수 있는, 추위를 버틸 수 있는 곳을 찾아야 합니다

몸을 피할
큰 바위 발견

비닐과 낙엽으로
대피소 만들기

마른 낙엽을 모아서
바닥에 까는 거군요

생존팁
!

비닐로 바위 위를 덮어
비닐하우스 효과를 낸다.

어디에 갖다 놓아도 살아남을 사람

간이 대피소 제작 완료

비닐과 낙엽으로 만든
대피소의 효과는?

외부와 온도 차이
약 12℃

낙엽과 비닐로 은신처를
만들고 구조를 기다리자!

평화롭고 바람이 들어오지 않으니까

생존을 위한
안전한 대피소로 충분

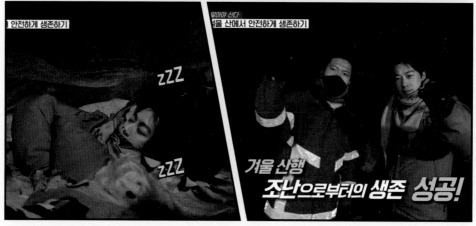

ZZZ

ZZZ

겨울 산행
조난으로부터의 생존 성공!

생존왕 캡틴 초이의 생존노트

산행 시 지정된 탐방로 이용하기

산행을 할 때는 꼭 지정된 탐방로를 이용해야 한다.
그래야 조난을 당하거나 길을 잃어버렸을 때 구조대에게 쉽게 자신의 위치를
알릴 수 있다. 산에서 자신의 정확한 위치는 어떻게 알 수 있을까?

1 일정 지점마다 표시된
다목적 위치 표지판 확인

2 119신고 앱을 통해 신고하면
자동으로 위치 전송

08

얼음에 도사린 해빙기 사고

꽁꽁 언 강에서 즐기는 얼음낚시,
얼음 호수 위에서 보내는 낭만적인 캠핑.

하지만 해빙기에도 얼음 위의 낭만을
고집한다면, 한순간에 안전사고를 당할 수 있다.

해빙기에 많이 발생하는 얼음물 익수사고,
어떻게 대처해야 할까?

생존왕 !

얼음 위의 재난
해빙기 사고

겨우내 얼었던 지반이 녹는 해빙기에는 주의해야 할 안전사고가 있다. 바로 익수사고다. 매년 2~3월이 되면 얼음의 두께가 얇아져 얼음 낚시 중 익수사고가 많이 발생한다. 이때 당황해서 허둥대면 물속에서 쉽게 빠져나올 수 없다.

얼음 물에 빠졌을 때 저체온증에 걸리지 않고 의식을 잃지 않은 채 버틸 수 있는 시간은 최대 15분이다. 개개인의 체력과 건강상태, 기상 상황에 따라 골든타임은 더 줄어들 수도 있다.

해빙기에 발생하는 익수사고 생존법에 대해 알아본다.

바늘로 온몸을 찌르는 듯한 고통

해빙기 얼음물을 조심하라! 익수사고에서 살아남는 법

얼음물에 빠졌을 때 허둥대면 더욱 위험!

익수 사고

한 번 빠지면
자력으로 탈출이 어려운 얼음물

상존왕 알아야 산다
해빙기 얼음물 익수 사고
자료 출처 : YouTube - 'WXYZ-TV Detroit | Channel 7'

시간을 지체할 경우
저체온증 위험까지 증가

해빙기
얼음낚시 사고로부터 생존하는 법

알아야 산다!
해빙기 익수사고

상황1

익수 사고

얼음물에
빠졌다면?

육안으로 판단하기 어려운 얼음 두께

알아야 산다
해빙기 얼음물에 빠졌을 때 탈출법

얼음물에 빠졌을 때
무사히 탈출하는 법

얼음물 입수

(그야말로 살얼음판 걷는 기분)

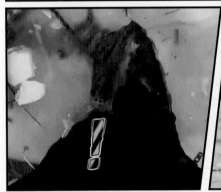

순식간에 깨지는 얼음판

해빙기 얼음물에 빠졌을 때 탈출법

수심이 깊어
얼음판 위로 올라가는 게 어렵다면?

생존왕의 탈출 Tip
딛고 오를 수 있도록 단단한 얼음이 나올 때까지
얇은 얼음을 깨면서 나아가라

양팔을 얼음판 위에 올려
몸을 지탱한다.

팔과 다리를 'ㄷ'자로
만들어 집게처럼 얼음
판을 잡고 버틴다.

발로 물장구를 쳐서
몸을 띄운다.

생존왕의 탈출 Tip
수영하듯 발로 물장구를 쳐서 몸을 띄우고
얼음판 위로 올라갈 것

발장구를 쳐서 몸을 띄우고
얼음판 위로 오를 것

얼음판 위로 완전히 올라오면?

두 발로 일어서지 말고
체중을 분산시켜라

2차 붕괴의 위험이
있기 때문에 걷지 말고
최대한 체중을
분산시킨다.

(왜냐하면 또다시 빠질 수 있기 때문)

체중 분산
안전한 지점까지 굴러 나가라

상황2

얼음판 밑으로 빨려 들어갔다면?

갇혔다! 생존법은?

얼음판 밑으로 빨려 들어간 경우 탈출할 수 있을까?

얼음판 밑에 갇혔다! 생존법은?

물속으로 완전히 잠수하는 생존왕

밑에 갇혔다! 생존법은?

호흡은 물론 시야조차 확보되지 않는 물속

얼음판 밑에 갇혔다 생존법은?

과연 무사히 탈출할 수 있을까?

호흡을 최대한 유지하고
약한 얼음을 찾자.

깨고 나올 수 있도록
얼음이 약한 곳을 찾아라!

얼음판 밑에 갇혔다! 생존법은?

생존왕의 탈출 Tip
물속에서 봤을 때 얼음이 얇고 약한 곳은
물 밖의 풍경이 비교적 선명하게 보인다

얼음이 약한 곳을 찾아
깨부순 생존왕

생존법은?

탈출 성공

밑에 갇혔다! 생존법은?

물속에서
얼음판을 깨고 나온 생존왕

생존왕 캡틴 초이의 생존노트

안전을 위한 최소한의 얼음 두께 알아보기

겨울철 얼음낚시를 할 때에는 얼음이 20cm 이상 얼은 곳에서 안전하게
해야 한다. 얼음낚시 안전지역과 위험지역은 어디일까?

안전지역   위험지역

09

명절 연휴에 급증!
가정 내 안전사고

온 가족이 모여 즐거운 시간을 보내는
명절 연휴.

하지만 조금만 부주의하면 화재 등 위급
상황이 발생해 최악의 명절이 될 수 있다.

명절 연휴에 발생하는 가정 내 안전사고,
어떻게 예방하고 대처해야 할까?

명절연휴 부주의 주의보
가정 내 안전사고

설날이나 추석 등 명절이 되면 응급구조, 구급 건수가 6.51%나 증가한다. 소방청 통계에 따르면 화재사고의 경우, 설 연휴 기간 하루 평균 26%, 사망자는 33.3% 증가했다.

즐거워야 할 명절이지만 자칫 안전관리에 소홀하면 큰 사고로 이어진다. 특히, 명절에는 화재사고와 함께 과식으로 인한 기도막힘 등 가정 내 안전사고가 자주 일어나기 때문에 주의가 필요하다.

즐겁고 안전한 명절을 보내기 위한, 가정 내 안전사고 예방법에 대해 알아본다.

알아야 산다!
명절연휴 가정 내 안전사고 예방법

상황1

명절 안전사고 유형 ①
압력솥

명절에는 갈비찜!

기름진 음식을
압력솥에 할 경우

압력솥에 팍~ 쪄줘야

압력솥에 갈비찜을 넣고

124

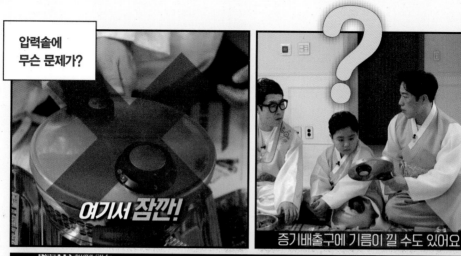

압력솥에 무슨 문제가?

여기서 잠깐!

증기배출구에 기름이 낄 수도 있어요

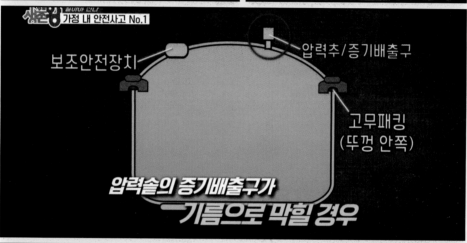

생존 가정 내 안전사고 No.1

보조안전장치

압력추/증기배출구

고무패킹 (뚜껑 안쪽)

압력솥의 증기배출구가 기름으로 막힐 경우

가정 내 안전사고 No.1

보조안전장치

압력추/증기배출구

고무패킹 (뚜껑 안쪽)

증기 배출 안돼 높아진 내부 압력에 의해 폭발 위험 높다

압력솥의 증기배출구가
막히면 폭발할 수 있으니
주의하자!

상황2

명절 안전사고 유형 ②
튀김 요리

No.2

가래떡을 집어 든 보통남

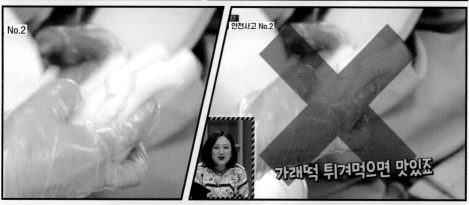

No.2

안전사고 No.2

가래떡 튀겨먹으면 맛있죠

가래떡을 튀기면
어떻게 될까?

통째로 가래떡을 튀기려 한 보통남

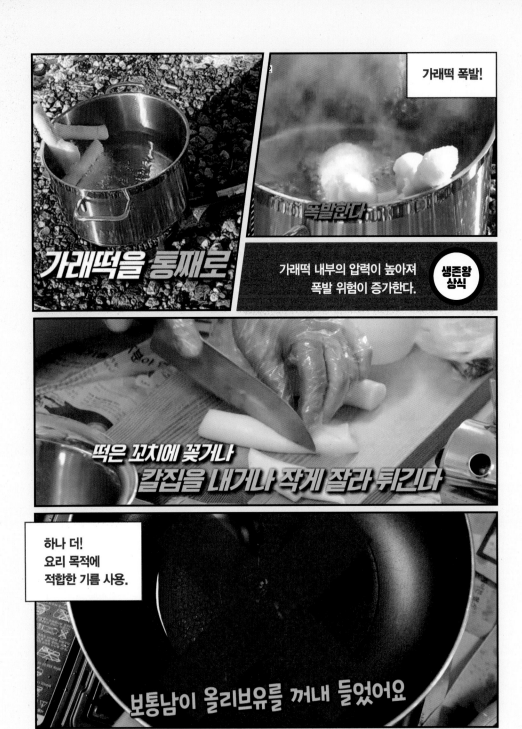

가래떡 폭발!

폭발한다

가래떡을 통째로

가래떡 내부의 압력이 높아져
폭발 위험이 증가한다.

생존왕
상식

떡은 꼬치에 꽂거나
칼집을 내거나 작게 잘라 튀긴다

하나 더!
요리 목적에
적합한 기름 사용.

보통남이 올리브유를 꺼내 들었어요

알아야 산다
생존왕 가정 내 안전사고 No.3
자료 출처: 서귀포 소방서

대형 화재로 이어지는
기름 화재 사고

알아야 산다
가정 내 안전사고 No.3

발화점이 낮은 올리브유는
튀김 요리에 사용하면 위험

생존팁
!

기름 종류별 발화점 알아보기

올리브유 167℃
해바라기유 236℃
포도씨유 253℃
카놀라유 249℃

기름 뒷면에
표시된 주의사항과
조리법 확인은
필수!
전을 부칠 때마다
새로운 식용유로
교체한다.

상황3

응급상황 대처법
① 심폐소생술 + 자동심장 충격기 사용법

언제 어디서 찾아올지 모르는 응급상황!

살아야 산다
응급상황에서 생존하라

생존팁
!

골든타임 5분!
누군가에게 심정지가 왔을 때
5분 내에 심폐소생술을
시행하면
뇌 손상을
지연시킬 수 있다.

심폐소생술은 어떻게 할까?

특정인을 지목해 119 신고 요청

살아야 산다
응급상황에서 생존하라

까만 옷 입으신 분!
119에 신고 좀 해주세요

심폐소생술 하는 방법

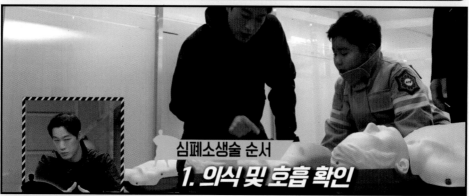

심폐소생술 순서
1. 의식 및 호흡 확인

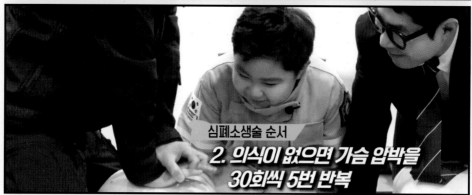

심폐소생술 순서
2. 의식이 없으면 가슴 압박을 30회씩 5번 반복

비숙련자라면 인공호흡을 하지 않고 가슴 압박에 집중한다.

가슴 압박 30회씩 5번 반복

자동심장충격기 사용법

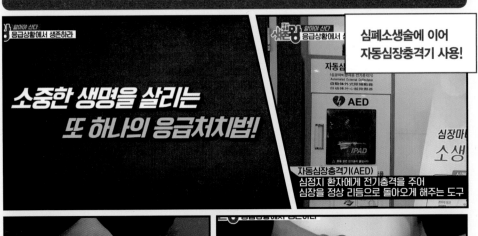

심폐소생술에 이어
자동심장충격기 사용!

자동심장충격기(AED)
심정지 환자에게 전기충격을 주어
심장을 정상 리듬으로 돌아오게 해주는 도구

자동심장충격기 사용법
1. 전원 버튼을 누르고
패드 커넥터 삽입

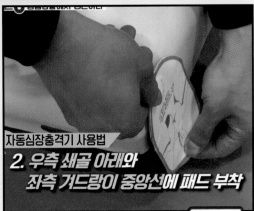

자동심장충격기 사용법
2. 우측 쇄골 아래와
좌측 겨드랑이 중앙선에 패드 부착

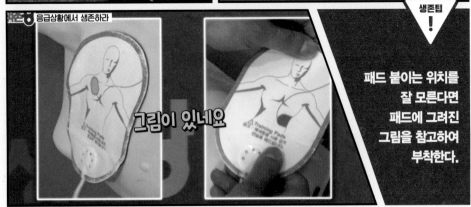

그림이 있네요

생존팁
!

패드 붙이는 위치를
잘 모른다면
패드에 그려진
그림을 참고하여
부착한다.

생존팁
!

전기충격을 가할 때
주위 모든 사람은
환자로부터 떨어져
전기충격을 예방한다.

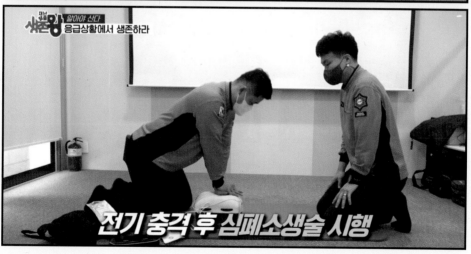

134

기도가 막혔을 때는
하임리히법 실시!

하임리히법
기도 이물 폐쇄가 발생했을 경우
할 수 있는 응급처치

환자를 뒤에서 감싸 안고
배꼽과 명치 중간에 주먹을 댄다

이물질이 나올 때까지
아래에서 위로 강하게 밀어 올린다

혼자 있을 때 먹다가 걸리면
어떡해야 해요?

혼밥 중
음식물이 목에 걸렸다면?

셀프 하임리히법 공개!

생존팁
!

혼자 있을 때 기도가 막힐 경우
의자, 봉 등을 이용해
압박한다.

아래에서 위로 끌어올린다는
느낌으로 반복

재난 탈출 왕
생존왕

136

더 안전라이브
아무도 모르게 찾아오는 사고!
저온화상에 주의하라!
(feat. 전기장판, 핫팩 사용법)

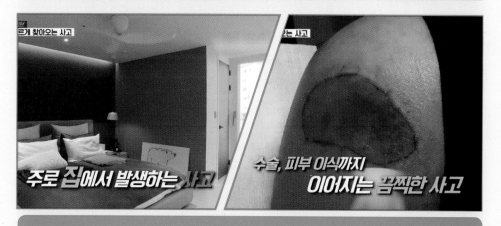

주로 집에서 발생하는 사고

수술, 피부 이식까지
이어지는 끔찍한 사고

오랜 시간 서서히 우리 몸을 위협하는 저온화상

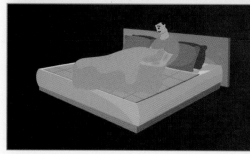

저온화상이란?
40~70도 정도의 낮은 온도에
오랜 시간 노출되어
피부가 손상되어 입는 화상

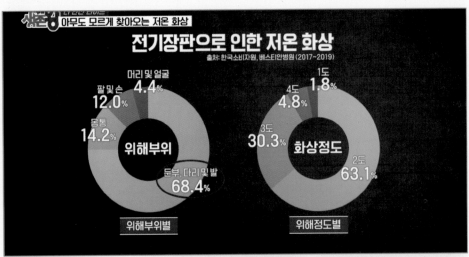

전기장판으로 인한 저온 화상

출처: 한국소비자원, 베스티안병원 (2017~2019)

위해부위

머리 및 얼굴 4.4%
팔 및 손 12.0%
몸통 14.2%
둔부, 다리 및 발 68.4%

위해부위별

화상정도

1도 1.8%
4도 4.8%
3도 30.3%
2도 63.1%

위해정도별

영·유아, 음주 후, 당뇨병 환자
저온 화상 주의 필요

그렇다면 전기장판은 어떻게 사용해야 안전할까?

올바른 전기장판 사용법
① 피부에 직접 닿지 않도록 이불을 깔아 사용

올바른 전기장판 사용법
② 온도는 '1단계', '낮음' 등 저온으로 설정하여 사용

또 다른
저온 화상의 원인?

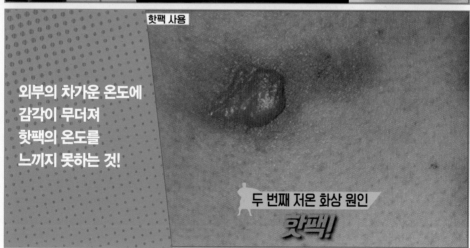

핫팩 사용

외부의 차가운 온도에
감각이 무뎌
핫팩의 온도를
느끼지 못하는 것!

두 번째 저온 화상 원인
핫팩!

최근 3년간 핫팩 피해 사례

출처: 소비자위해감시시스템(CISS)

(단위: 건, %)

	2018년	2019년	2020년	합계
피해 사례 건수	71	44	55	170
화상 건	56	42	50	148

핫팩 위해 사례 중
대부분이 화상 피해!

핫팩 어떻게 사용해야 안전할까?

저온 화상 예방 핫팩 사용법
① 핫팩이 피부에 바로 닿지 않게 한다

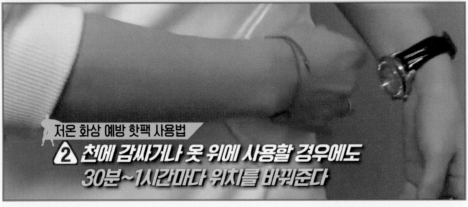

저온 화상 예방 핫팩 사용법
② 천에 감싸거나 옷 위에 사용할 경우에도
30분~1시간마다 위치를 바꿔준다

버스 사고 1
시내버스 안전사고

시민의 발이 되어주는 고마운 시내버스.
하지만 방심하는 순간 승하차 사고,
문끼임 사고 등 최악의 사고가 발생한다.

가장 친숙한 교통수단이지만, 안전 수칙을
제대로 아는 사람은 별로 없기 때문이다.

시내버스, 어떻게 해야 안전하게 이용할 수 있을까?

잊을만하면 반복되는
시내버스 안전사고

시내버스의 한해 이용객은 약 50억 명이다. 수많은 대중이 이용하지만
시내버스에서의 안전사고는 매년 약 7천 건, 매일 20건 이상 발생하고 있다.
시내버스를 타고 내리다가 승객이 다치거나, 급정거로 인해 승객이 넘어지는
사고 등이 매일 여기저기에서 반복되고 있는 것이다.
특히 승하차 사고는, 시내버스 안전사고의 28%를 차지하는 만큼, 버스를 타고
내릴 때 좀 더 많은 주의가 필요하다.

오늘 나의 출퇴근길에 일어날 수도 있는 시내버스 안전사고!
그 원인과 대처방법에 대해 알아본다.

알아야 산다!
시내버스 안전사고

상황1

문 끼임 사고
왜 일어날까?

시내버스 끼임 사고의 원인과 생존법
알아야 산다

뒷문 계단 양쪽에
움직임 감지 센서가 있는데요

센서가 인식하는
범위 내에서만 작동

버스 문의 센서는
언제 작동할까?

첫 번째 상황
문이 닫힐 때 하차하는 경우

사고

안전 센서 작동 이상 無

버스 안에서 밖으로 나갈 때는
정상적으로 작동

두 번째 상황
버스 밖에서 안으로
팔을 뻗는 경우

팔을 빼려고 힘을 줄수록
더욱 조여오는 문

그대로 버스가 출발한다면 끌려갈 수밖에 없겠는데요

교통카드 태그를 깜빡한 경우
일어날 수 있는 아찔한 상황

운전석에서 목소리가 잘 들리지 않기 때문에 버스 뒷문을 세게 두드려 상황을 알린다.

버스 문에 끼었을 때 대처법은?

뒷문 끼임 대처법
1. 롱패딩이나 옷

옷을 벗고 버스에서 멀어진다

뒷문 끼임 대처법
2. 끈이 긴 가방

과감하게
물건을 포기해야 안전

상황2

시내버스 급제동 예방법

시내버스 급제동 충격은?

시내버스 급제동 얼마나 위험할까?

시내버스 급제동 충격은?

손잡이를 잡지 않은 상태에서 버스가 급정거한다면?

버스 급제동 충격은?

시속 25km의 버스 속도

내버스 급제동 충격은?

급브레이크

급제동과 동시에 엄청난 **충격**

시내버스에서는
손잡이가 안전벨트 역할

버스 곳곳으로 튕겨 나간
실험 마네킹

**생존왕
상식**

버스에 안전벨트가 없는 이유는?

정거장 사이의 거리가 멀지 않고 시내버스는 대부분 저속으로 달리기 때문에 자동차
규칙 제 27조에 따라 안전벨트를 의무화하지 않음

버스의 맨 뒷자리는 얼마나 안전할까?

앞이 완전히 개방된 버스 뒷자리의 위험성은?

주행 속도는 시속 20km 내외

급브레이크

*황당

급제동과 동시에
운전석까지 튀어 나간 캡틴

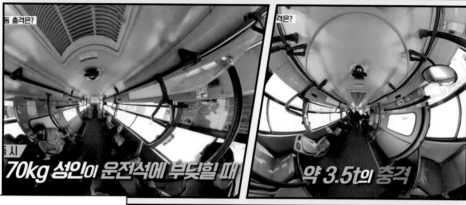

70kg 성인이 운전석에 부딪힐 때

약 3.5t의 충격

운동으로 단련된 사람이라도 급제동의 위험을 피해갈 수 없다. 손잡이를 잡아 안전사고에 대비하자.

안전을 위해 반드시
버스 손잡이를 꼭~!

버스 사고 2
버스 사고 후 탈출법

버스는 수많은 승객을 태우고 도로 위를
달리기 때문에 사고가 나면 대형 인명피해가 발생한다.

더욱 무서운 것은 1차 사고 후 빠르게
탈출하지 않으면 2차 사고로 이어질
가능성이 높다는 것이다.

버스 사고가 났을 때 어떻게 행동해야 할까?

대형 인명피해 발생
버스 사고

2016년 경남 언양 경부 고속도로상에서 버스 사고가 발생했다.
당시 버스에 타고 있던 승객 10여 명이 사망하는 등 대형 인명피해로 이어졌다.
사고로 출입문이 부셔져 문으로 탈출이 불가했기 때문이다.

만약 내가 타고 있는 버스에 중대한 사고가 발생했는데 문이 열리지 않는다면
어떻게 탈출해야 할까? 버스 사고 시 꼭 필요한 비상 탈출법에 대해 알아본다.

알아야 산다!
버스 사고 시 탈출법

상황1

상황1

출입문이 **열리지** 않는다면?

수십 명의 승객이 탑승하는 버스

알아야 산다 버스 출입문 수동으로 여는 법

출입문은 두 개이거나 단 하나뿐!

만약
자동으로 문을 열 수 없다면?

버스 출입문 수동으로 여는 법

출입문을 수동으로 열 수 있다?

비상 밸브
출입문 개폐를 자동에서 수동으로 전환해주는 장치
주로 출입문이나 운전석 근처에 위치

로 여는 법

자동
수동

생존왕
상식

비상 밸브를 수동으로
전환하면
문이 닫히도록
압축되어 있던
공기가 빠져나가
사람의 힘으로
출입문을 열 수 있다.

버스 출입문 수동으로 여는 법

비상 밸브는 어디에 있을까?

비상 밸브
출입문과 운전석 근처를 모두 찾아볼 것

비상 밸브를 수동으로 조절하면 문을 열 수 있다.

손쉽게 열리는 출입문

출입문 수동으로 여는 법

뛰지 말고 빨리 내려주세요!

당황하지 말고 천천히 차례차례 탈출하자.

탈출

성공

재난 생존왕 알아야 산다 버스 출입문으로 나갈 수 없다면?

불안

그럼 어떻게 탈출해야 할까요?

생존왕 사고 버스 안전 탈출법

생존왕의 탈출 Tip
타이어 위쪽 창문을 깨면
타이어를 밟고 쉽게 탈출 가능

안전 탈출법

버스 타이어가 위치한 곳

스 안전 탈출법

틈새가 있어서
밟고 내려가기 수월

비상 망치 위치 확인

4군데에 비치된 비상 망치

비상 망치
버스 내부에 4개 이상 비치하도록 규정

생존팁
!

비상 망치로 창문을 깨고
빨리 탈출해야 2차 사고를
막을 수 있다.

창문을 깰 때도 공간 확보가 중요

생존왕의 탈출 Tip
공간 확보를 위해
의자를 뒤로 젖혀라

버스 창문 깨고 탈출하는 법

이제 창문을
깨보겠습니다

창문 가장자리를 공략해서 깬다.

유리창이 그물처럼 산산조각 나면
더 깨지 말고 망치질을 멈춘다.

촘촘한 그물처럼 산산조각 난 창문

생존팁
!

유리창이 깨진 후
계속 가격하면
파편이 얼굴 부위 등으로
쏟아질 수 있으니
주의해야 한다.

깨진 창문을 바깥으로 밀어내는 법

창문 아래쪽을 발로 찰 경우?

창문 위쪽의 유리 파편이 얼굴 위로 쏟아질 수 있다

생존왕의 탈출 Tip

깨진 창문을 바깥으로 밀어낼 때는 창문의 윗부분을 밀어내라

부서진 창문 윗부분을 발로 가볍게 밀어내듯 찬다.

상황2

버스가 옆으로 쓰러졌다면?

버스 90° 전도 사고에서 무사히 생존하라!

완벽 재현! 12톤 버스 전도 상황

12톤 버스를 쓰러뜨릴 지게차 등장

점점 기울기 시작하는 12톤 버스

(호들갑)
넘어가요? (x2)

(태연)
아직 안 넘어갔어요

최대한 몸을 웅크려
머리 & 장기 보호

손잡이 등
고정된 물체를 잡아 몸을 지탱

순식간에 90° 전도돼
바닥을 드러낸 버스

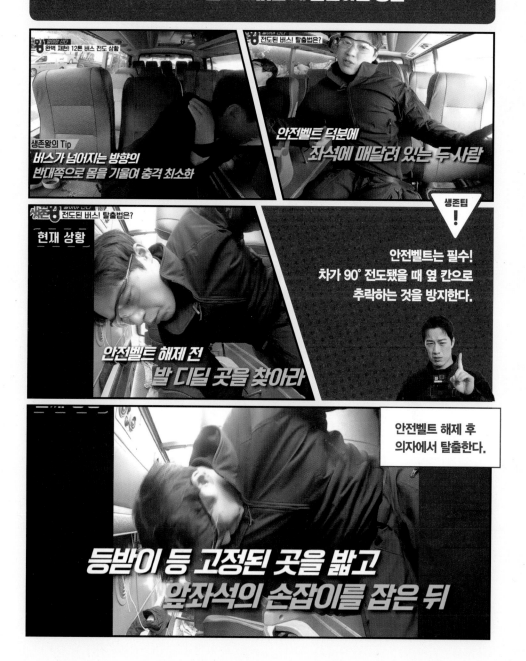

생존왕의 Tip
버스가 넘어지는 방향의
반대쪽으로 몸을 기울여 충격 최소화

전도된 버스 탈출법은?

안전벨트 덕분에
좌석에 매달려 있는 두 사람

생존팁
!

안전벨트는 필수!
차가 90° 전도됐을 때 옆 칸으로
추락하는 것을 방지한다.

전도된 버스 탈출법은?

현재 상황

안전벨트 해제 전
발 디딜 곳을 찾아라

안전벨트 해제 후
의자에서 탈출한다.

등받이 등 고정된 곳을 밟고
앞좌석의 손잡이를 잡은 뒤

수많은 승객이 탈출하기엔
비좁은 뒷 유리

앞 유리를
집중 공략하자.

90° 전도 시
비교적 탈출이 수월한 곳은 앞 유리

소화기로
앞 유리를 가격하는데

생각보다 잘 깨지지 않는다...?

생존왕 상식

차량 앞 유리는 보통 이중접합유리를 사용한다.
충격 흡수력이 뛰어나 쉽게 깨지지 않기 때문에 여러 차례 가격해야 한다.

생존왕 캡틴 초이의 생존노트

180°로 뒤집힌 버스에서 탈출하기

만약 180°로 뒤집힌 버스 안에 갇혔다면 어떻게 탈출해야 할까?
생각만 해도 아찔하고 어렵게 느껴지지만 안전벨트만 제대로 해제하면
수월하게 탈출할 수 있다.

> 거꾸로 매달린 상태에서
> 안전하게 벨트를 풀어보자.

180° 전복된 버스 탈출법 ① 팔다리가 닿는 위치의 단단한 곳을 찾아 몸을 지지

180° 전복된 버스 탈출법 ② 한 팔로 몸을 지지한 뒤 다른 손으로 안전벨트 해제

180° 전복된 버스 탈출법 ③ 비상 망치를 찾아 파괴가 쉬운 옆 유리를 깨고 탈출

2차 사고를 피할 수 있는 안전한 곳으로 대피

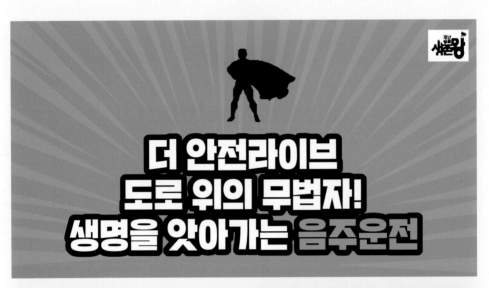

혈중알코올농도에 따른 교통사고 위험성

(단위: 혈중알코올농도(%)
출처: American Automobile Association,
You.. Alcohol and Driving, P21, 1975)

혈중알코올농도	교통사고 발생률
0.08%	2배
0.15%	25배

혈중알코올농도가 높을수록 사고는 증가한다.

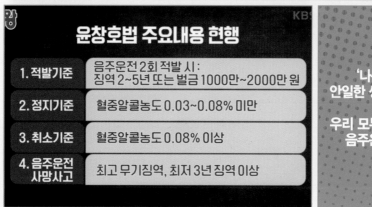

윤창호법 주요내용 현행

1. 적발기준	음주운전 2회 적발 시: 징역 2~5년 또는 벌금 1000만~2000만 원	
2. 정지기준	혈중알콜농도 0.03~0.08% 미만	
3. 취소기준	혈중알콜농도 0.08% 이상	
4. 음주운전 사망사고	최고 무기징역, 최저 3년 징역 이상	

'나는 괜찮겠지'라는
안일한 생각은 절대금지!

우리 모두의 안전을 위해
음주운전을 근절하자!

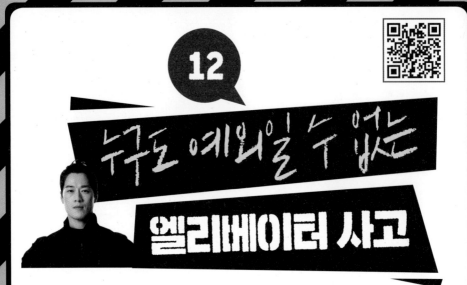

12
누구도 예외일 수 없는
엘리베이터 사고

대부분의 사람들이
하루에도 몇 번씩 이용하는 엘리베이터.
사용자, 사용 횟수가 많은 만큼 사고의 위험도 높다.

매일 타는 엘리베이터가 갑자기 멈춰서 꼼짝없이 갇히거나,
급하강 한다면 어떻게 해야 할까?

추락위험
엘리베이터 사고

우리나라의 엘리베이터 운행대수는 약 75만대로 세계 7위에 해당한다. 엘리베이터를 이용하는 것이 너무 당연한 일상이라고 해도 과언이 아니다.

하지만 아무생각 없이 이용하는 엘리베이터가 우리의 생존을 위협할 수도 있다. 2020년 엘리베이터 사고는 85건으로 2018년 이후 점점 증가하는 추세이며, 특히 2020년 한해 엘리베이터 사고 사상자 89명 중 10명이 사망했다. 심각한 인명피해로 이어진 것이다.

엘리베이터에서 사고가 났을 때, 대처법을 알아본다.

알아야 산다!
엘리베이터 사고 시 생존법

상황1

엘리베이터에 갇혔다면?

엘리베이터에 갇혔을 때 반응은?

엘리베이터의 두 얼굴

갑자기 멈춘 엘리베이터

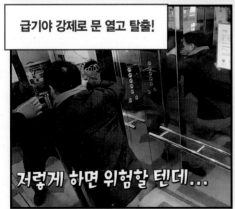

강제로 문을 연다면?

엘리베이터가 어느 위치에서 멈췄는지 알 수 없기 때문에 강제로 문을 열면 위험하다.

바닥의 위치가 맞지 않다!

고층 엘리베이터에서
탈출을 시도하다 추락한다면?

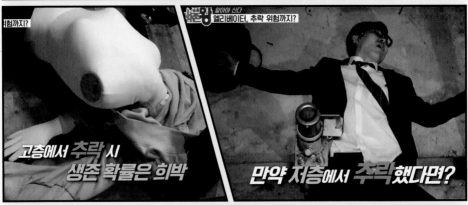

고층에서 추락 시
생존 확률은 희박

만약 저층에서 추락했다면?

당신을 살려줄 장치

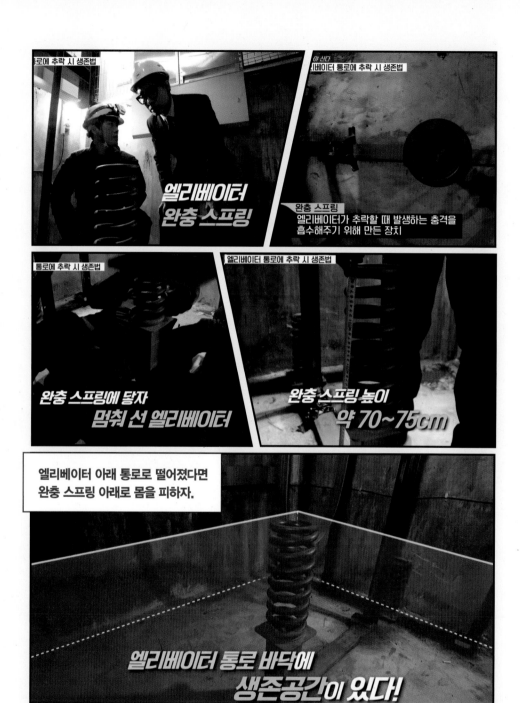

엘리베이터 통로에 추락 시 생존법

엘리베이터
완충 스프링

완충 스프링
엘리베이터가 추락할 때 발생하는 충격을
흡수해주기 위해 만든 장치

완충 스프링에 닿자
멈춰 선 엘리베이터

완충 스프링 높이
약 70~75cm

엘리베이터 아래 통로로 떨어졌다면
완충 스프링 아래로 몸을 피하자.

엘리베이터 통로 바닥에
생존공간이 있다!

생존왕의 TIP
엘리베이터 통로에 추락했을 경우
구조될 때까지 완충 스프링 아래로 자세를 낮출 것

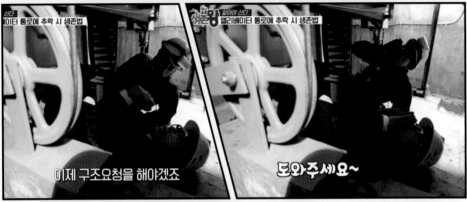

이제 구조요청을 해야겠죠

도와주세요~

EL 2호기

생존성공

상황2

엘리베이터 문 에서 추락?

엘리베이터 문은 안전할까?

엘리베이터 문의 배신!

기대지 말라고 적혀있는 스티커 봤죠?

짱짱해요~

기대면 추락

기대자마자 뜯겨나가는 엘리베이터 문!

몸무게 60kg인 성인 두 명을
버티도록 설계된 엘리베이터 문

그 이상의 힘이 가해지면
휘어지는 탄성변형이 생김

김성호 / 한국송강기대학교 교수

성인이 부딪쳤을 때 이탈할 수도 있고
또한 오래 사용하거나 노후 되었을 때는

손쉽게 부서져서 이탈하거나
추락사고가 일어날 수 있는 위험이 있습니다

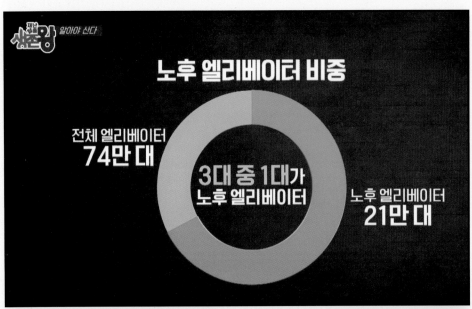

상황3

엘리베이터가 추락한다면?

엘리베이터가 갑자기 **추락**한다면?

실제 추락사고와 비슷한 상황을 연출

몸으로 전해지는 충격은 어느 정도일까?

하 강 시 작

엘리베이터가 멈추자
중심을 잃고 넘어진 보통남

온몸에 전해지는 충격

만일 고층에서 바닥까지
추락했다면?

엘리베이터 추락 시
충격을 덜 받으려면?

보통남의 추락 대처법
충격을 안 받으려면
추락할 때 점프하면 된다?!

엘리베이터가 멈추는 순간에
점프하면 충격을 덜 받을까?

엘리베이터 추락 시 충격을
덜 받는 법을 알아두자!

생존왕 TIP
1) 양발을 어깨보다 넓게 벌린다

생존팁
!

이때 엘리베이터와 몸이 붙어 있으면
충격이 그대로 전해질 수 있으니 주의한다.

생존왕 TIP
2) 손잡이를 잡고 볼일 보는(?) 자세로 앉는다

알아야 산다
엘리베이터 추락사고! 생존법은?

정말 충격을 덜 받을까?

추락사고! 생존법은?

생존왕이 알려준 대로 재도전

추락하자마자 자세 잡는 두 사람

확실히 **안정적인 모습** | 추락을 인지했을 때 (바로) 앉는 거구나

갑자기 추락하는 엘리베이터에서 **서 있는 건 위험**

타이밍 맞춰 점프하는 것도 위험

안전바를 잡은 채 쪼그려 앉아야 안전할 수 있다

생존왕 캡틴 초이의 생존노트

안전한 엘리베이터 확인 방법

노후하거나 제대로 관리가 되지 않은 엘리베이터는 운행을 금지시킨다.

하지만 운행 금지 엘리베이터를 몰래 운행하는 경우가 있다.

2020년 적발된 불법 엘리베이터는 약 2만 대에 달했다.

그렇다면 안전한 엘리베이터를 알 수 있는 방법은 없을까?

내가 타는 엘리베이터가 안전한지 스마트폰 QR코드를 이용해 확인해보자!

엘리베이터에 부착된
QR코드로 안전 확인!

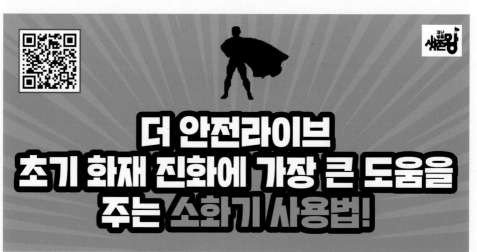

더 안전라이브
초기 화재 진화에 가장 큰 도움을 주는 소화기 사용법!

2019년 3월
광주 재래시장 화재 발생

대형 화재를
막을 수 있었던 이유

대형 화재를 막는 소화기 사용법을 제대로 알아두자!

바로 소화기!

화재 초기 진화 **소화기 사용** = **소방차 1대 역할**

모두 똑같아 보이는 소화기.
알고 보면 분출방식에 따라 2가지로 나뉜다는 사실!

쏙쏙으로 부드는 가압식 소화기

가압식 소화기

축압식 소화기

분출방식에 따라 나뉘는
소화기 종류

소화기 내 가압 용기가 있는
가압식 소화기

가압가스

분말약제

부식되면 폭발 위험성이 높아
1999년 이후 생산 중단

가압식 소화기는 사용 불가! 발견 즉시 폐기해야 한다.

HDS-3.3

가압식 소화기 발견 시
가까운 소방서로!

압축가스를 충전해놓은
축압식 소화기

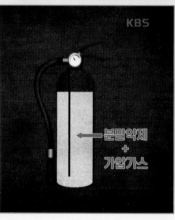

KBS

분말약제
+
가압가스

폭발 위험 없이
안전하게
사용 가능!

가압식·축압식 소화기
1초 구별법!

소화기의 압력계를 꼭 확인하자!
압력계가 있는 것이 안전한 축압식 소화기다.

가압식

축압식

안전한
축압기 소화기라도
사용 연한
확인은 필수!

축압기 소화기
사용 연한 10년

화재 종류에 따라
사용해야 할 소화기도 다르다는 사실!

화재 종류별 소화기

A급	목재, 종이, 섬유 등 일반적인 고체 가연물에 의한 화재
B급	휘발유, 알코올, 페인트 등 휘발성 액체에 의한 화재
C급	전압기기나 변압기 기타 전기설비에 의해 발생하는 화재
D급	마그네슘, 나트륨 등 금속 분말에 의한 화재
K급	주방에서 동식물유를 취급하는 조리기구에서 일어나는 화재

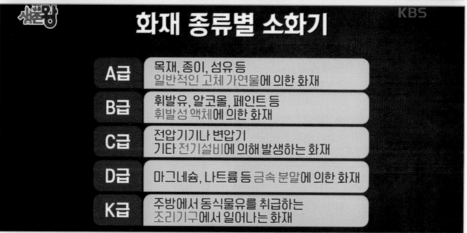

하나 더!
화재 종류에 따라 사용해야 할 소화기를 꼭 알아두자!

가정에는 ABC형
소화기를 비치한다.

일반적으로 알려진 소화기가
ABC소화기

잡이를 강하게 움켜쥔 후
원을 향해 방사한다.

KBS

식용유 화재 시
K급 소화기 사용

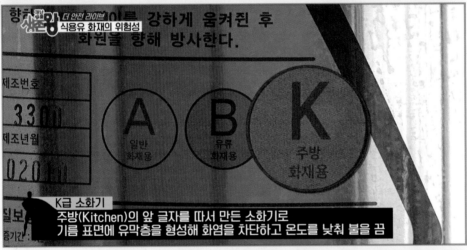

이를 강하게 움켜쥔 후
화원을 향해 방사한다.

제조번호
제조년월

A 일반 화재용

B 유류 화재용

K 주방 화재용

K급 소화기

주방(Kitchen)의 앞 글자를 따서 만든 소화기로
기름 표면에 유막층을 형성해 화염을 차단하고 온도를 낮춰 불을 끔

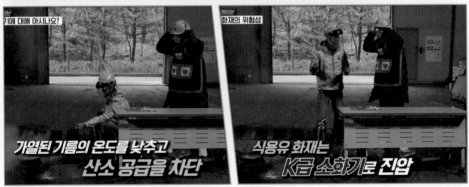

가열된 기름의 온도를 낮추고
산소 공급을 차단

식용유 화재는
K급 소화기로 진압

소화기 사용법은?

소화기 사용 순서를 알아두면
화재 시 당황하지 않고 소화기를 사용할 수 있다.

1 안전핀 뽑고~

2 소화 호스를 화점에 조준 후

3 손잡이를 눌러 빗자루로 쓸 듯 분사

4 소화기 사용 실전!

13

건조한 봄철
발생하는 산불

해마다 봄이 되면 크고 작은 산불이 급증한다.
용암처럼 번져나가는 불길은 순식간에
모든 것을 뒤덮고 우리의 삶과 터전을 위협한다.

무서운 산불로부터 어떻게 생존해야 할까?

모든 것을 삼키는
봄철 산불

3~5월은 산불피해가 가장 큰 계절이다. 산림청의 자료에 의하면 10년 동안 발생한 산불은 4,737건으로 이중 65%가 봄철에 발생했다.

봄에는 건조한 날씨와 강풍이 불기 때문에 작은 불씨에도 불이 잘 붙기 쉽고, 바람을 타고 넓게 번질 수 있다. 산불이 발생하기에 최적의 조건이 형성되는 것이다.

산불은 일반화재와 다르기 때문에 대피도 달리해야 한다.

금방이라도 모든 것을 집어삼킬 것 같은 산불 속에 갇힌다면 어떻게 해야 할까?

산불이 났을 때 생존법을 알아본다.

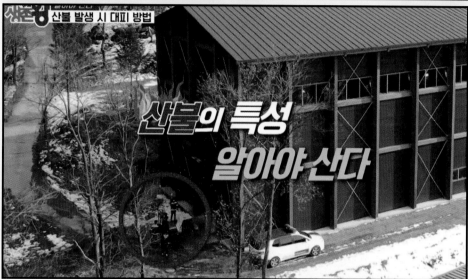

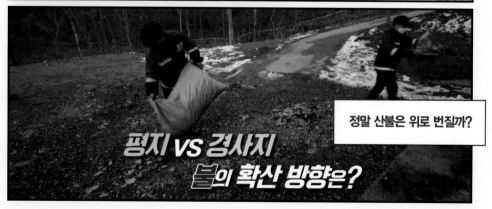

경사지는 평지에 비해 불의 확산 속도가 더 빠르다.

경사가 높을수록
나뭇잎(=연료)과 불길은 더 가까워진다!

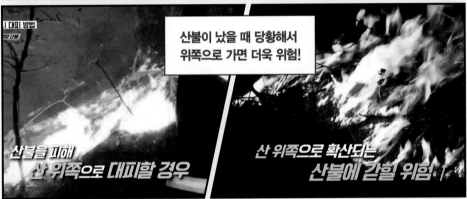

산불이 났을 때 당황해서
위쪽으로 가면 더욱 위험!

산불을 피해
산 위쪽으로 대피할 경우

산 위쪽으로 확산되는
산불에 갇힐 위험!

산불 발생 시
안전한 대피 방법

203

계곡

생존왕의 Tip
계곡물이 흐르는 방향을 따라
산 아래로 대피 가능

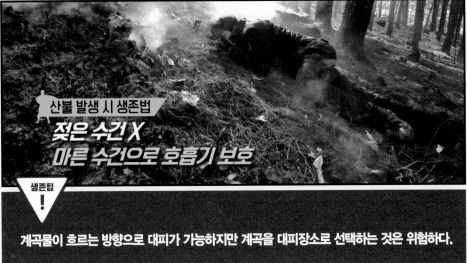

산불 발생 시 생존법

젖은 수건 X
마른 수건으로 호흡기 보호

생존팁
!

계곡물이 흐르는 방향으로 대피가 가능하지만 계곡을 대피장소로 선택하는 것은 위험하다.

대형 산불 중심 화염의 온도는 1,500℃

이때 젖은 수건으로
호흡기를 가리면?

일반 화재와 다른 산불 대피법

호흡기와 피부에
화상을 입을 수 있다!

산불 발생 시 대피 방법

아주 뜨거운 수증기가
호흡기로 유입되는 것

젖은 수건은
호흡기가 손상될 수 있으니

젖은 수건을 사용하지 않는
이유는 무엇일까?

젖은 수건 X
마른 수건으로 호흡기 보호

상황2

산불에 **고립**된다면?

국가산불실험센터
국립산림과학원

산불에 고립된다면? 알아야 산다

산불이 발생한다면?
산 아래로 대피!

하지만!
대피할 수 없는 상황이라면?

생존왕 알아야 산다 산불 고립 시 생존법

방화선 **구축**

생존왕 상식

방화선이란?
산불 확산을 막기 위해
연소물을 제거하여
구축하는 공간

나뭇잎을 제거해
손쉽게 방화선 구축 가능

방화선 구축 방법
❶ 낙엽, 나뭇가지 등 산불의 연료 제거

방화선 구축 방법
❷ 엎드려 누울 수 있는 공간의 두 배 이상 확보

산불 고립 시 생존법

방화선은 산불 속 생명선!

방화선 구축 완료

방화선은 정말 산불로부터 안전할까?

순식간에 발밑까지 번진 **불길**

산불 고립 시 생존법
① 땅에 완전히 엎드려
불길로부터 신체 보호

산불 고립 시 생존법
② 머리를 산불 진행 방향의
반대쪽으로 향한다

앞으로 기어가야 하는 거 아니에요?

방화선을 구축한 대로
불길이 피해간다!

불길은 다가오지 못해도
열기는 충분히 느껴지거든요

산불 고립 시 생존법
❸ 마른 수건을 이용해
연기로부터 호흡기 보호

산불 고립 시 생존법
❹ 바람과 연기의 방향을 파악해
연기를 등진다

불길이 어느 정도 지나갔다면?

산불 고립 시 생존법
❺ 산불과 연기를 피해
산 아래쪽으로 탈출

생존왕 캡틴 초이의 생존노트

산불 발생 시 행동 요령 숙지하기

대형 산불이 발생하면 입산해 있는 등산객뿐 아니라 인근에 살고 있는
주민 역시 빠르게 대피해야 한다. 산불이 났을 때 행동 요령을 숙지하고
있으면 산불로 인한 피해를 줄일 수 있다.

산불 발생 시 행동 요령
1. 불똥이 집안으로 튀지 않도록
   출입문과 창문을 닫는다

산불 발생 시 행동 요령
2. 집 주위에 지속적으로
   물을 뿌린다

산불 발생 시 행동 요령
3. 폭발성과
   인화성이 높은 물질 제거

산불 발생 시 행동 요령
4. 대피령이 발령되면
   학교, 공터 등 안전한 장소로 대피

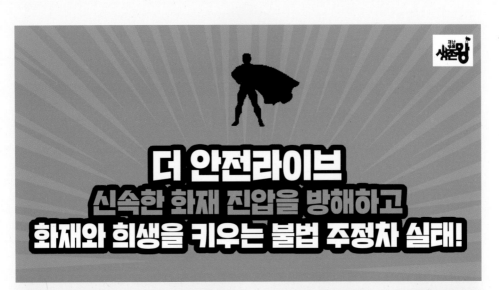

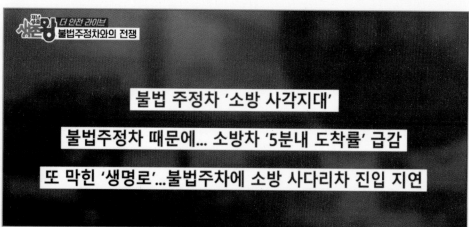

불법 주정차 '소방 사각지대'

불법주정차 때문에... 소방차 '5분내 도착률' 급감

또 막힌 '생명로'...불법주차에 소방 사다리차 진입 지연

소방시설 주정차금지선

소화전 앞
불법주정차 절대 금지!

불법주정차!
명백한 살인행위입니다

노면을 보면
불법주정차 여부를 알 수 있다?!

노면의 표시로 불법주정차 여부 확인!
다음 표시를 잘 익혀두자!

흰색 실선
주·정차를 자유롭게
할 수 있어요

황색 점선
주차는 금지!
5분 이내 정차는
가능해요!

황색 실선
시간대와 요일에 따라
주·정차가 탄력적으로
허용돼요

황색 이중 실선
주·정차가 절대적으로
금지돼요

생명을 지키는 안전벨트

14

차에 탈 때 안전벨트는 필수다.
귀찮고 번거롭다는 이유로 안전벨트를
착용하지 않거나, 올바르게 착용하지
않는다면 교통사고가 났을 때
우리의 안전을 보장받을 수 없다.

안전벨트, 어떻게 착용해야 우리를
안전하게 지켜줄까?

안전운전의 정석
안전벨트

2018년 9월 28일부터 모든 도로에서 전 좌석 안전벨트 착용이 의무화되었다.
최근에는 많은 차량에 안전벨트를 착용하지 않으면 경고음과 경고등이 작동하는 기능이 탑재돼 있기도 하다.
하지만 최근 3년간 교통사고 사망자 10명 중 3~4명이 안전벨트를 미착용 한 것으로 나타났다.
안전벨트를 착용하지 않을 경우, 교통사고가 났을 때 중상을 입을 가능성이 최대 99.9%에 달한다. 안전벨트는 곧 생명줄인 셈이다.

교통사고 피해를 줄이는데 필수인 안전벨트, 바르게 착용하면 더 안전할 수 있다.

교통사고 시 목숨을 지키는 생명줄, 안전벨트

도로 곳곳에서 발생하는 교통사고

대형 인명 피해로 이어지기도 하는데

예기치 못한 교통사고로부터 목숨을 지켜주는 건?

탑승자의 생명을 지켜주는 안전벨트

알아야 산다!
안전벨트의 중요성

상황1

안전벨트를 착용하지 않았다면?

안전벨트의 안정성을 직접 확인한다

알아야 산다 사고 시 안전벨트의 중요성

안전벨트 미착용 시 추돌 사고를 겪는다면?

사고 시 안전벨트의 중요성

시속 48km 충돌 실험
자료 출처 : 한국교통안전공단

안전벨트 미착용

목 - 등 - 허리에 전해지는 충격

자료 출처 : 한국교통안전공단

안전벨트 착용

목에만 전해진 충격

안전벨트 착용

신체를 고정해줘
좌석에 붙들려 있는 탑승자

사고 시 안전벨트의 중요성
YouTube - CG Store

안전벨트 미착용

신체가 크게 움직이며
차 내부 곳곳에 부딪힌다

220

상황2

안전벨트 올바른 착용법

아야 산다
전벨트 올바른 착용법

안전벨트 올바르게 착용하는 법

생존팁 !

높이 조절장치를 이용해서
안전벨트 위치를 몸에 꼭 맞게
조절해야 한다.

안전벨트 올바른 착용법

안전벨트 높이 조절 장치

어깨 벨트
어깨뼈 중앙을 지나가도록
안전벨트 높이 조절

허리 벨트
양쪽 골반을 지나가도록 착용

복부로 지나갈 경우
내장 파열 위험!

키가 작은 유아들의 경우?

목을 지나도록 착용하는 건 금물

안전벨트를 올바르게 착용하는
것이 안전의 지름길이다.

유아의 목을 조르거나
경동맥을 자르는 흉기가 된다!

임신부의 경우?

복부를 압박하지 않도록
태아를 피해 아래로 착용

더 안전라이브
도로 위 시한폭탄!
전동킥보드 안전하게 타는 법

생명을 위협하는
전동킥보드

전동킥보드로 인한 사고는
매년 증가

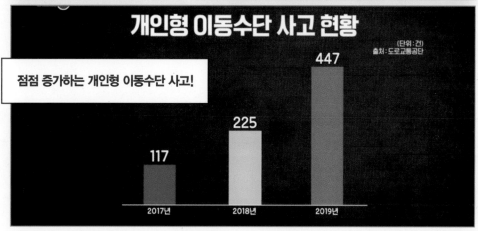

개인형 이동수단 사고 현황

(단위 : 건)
출처 : 도로교통공단

점점 증가하는 개인형 이동수단 사고!

447

225

117

2017년   2018년   2019년

안전 수칙 1

횡단보도에서는 반드시 내려서 이동

안전 수칙 2

경사로에서도 내려서 이동

안전 수칙 3

2인 탑승 금지! 1인 탑승만!

전동킥보드를 탈 때에는 반드시 안전장비를 갖추고
안전수칙을 준수하자.

치명적 충격, 오토바이 사고

외부로부터의 방어막이 없는
오토바이는 자동차보다 안전에 취약하다.
교통사고가 나면 신체가 그대로 노출돼
심각한 인명피해로 이어지기 때문이다.

오토바이 안전사고, 어떻게 예방할까?

안전 수칙 필수!
오토바이 사고 예방

전국에 등록된 오토바이 약 230대, 특히 최근에는 코로나19로 인한 거리두기 상황이 길어지면서 오토바이를 이용한 배달문화가 자리 잡고 있다.

문제는 안전 수칙을 지키지 않아 많은 사고가 발생한다는 것이다. 최근 5년간 하루 평균 36건의 오토바이 사고가 발생했으며, 하루에 한 명꼴로 목숨을 잃고 있다.

우리가 몰랐던 오토바이 사고를 유발하는 상황을 살펴보고, 그 예방법에 대해 알아본다.

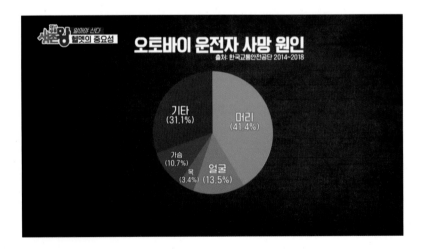

알아야 산다!
오토바이 사고의 모든 것

상황1

오토바이를 볼 수 없는 사각지대?

알아야 산다
오토바이 사고 ① 사각지대

당신이 몰랐던 아찔한 오토바이 사고 ⚠

- 사각지대에서의 사고 -

알아야 산다
사각지대의 위험성

자동차 운전자는 오토바이를 발견할 수 있을까?

사각지대에 오토바이를 세워둔 제작진

뒤에 오토바이 온 거 같은데요

지금 없잖아요

운전자 시선으로 바라본 사이드미러

고개를 살짝만 돌리자
보이는 오토바이

운전자는 보이지 않는 사각지대 존재!

절대!
자동차 뒷바퀴와 나란히 달리지 마세요

오토바이 사각지대 피하는 법

생존왕의 Tip
도로를 달릴 때 소형차 하나 들어갈 정도의
안전거리를 유지할 것

오토바이 사각지대 피하는 법

생존왕의 Tip
자동차의 측면이 아닌
앞이나 뒤에서 달릴 것

오토바이 사각지대 피하는 법

생존왕의 Tip
차로 변경 시 반드시 방향지시등을 켜고
고개를 돌려 옆 차로를 확인할 것

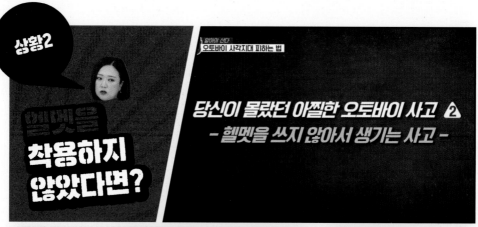

상황2

헬멧을 착용하지 않았다면?

알아야 산다
오토바이 사각지대 피하는 법

당신이 몰랐던 아찔한 오토바이 사고 ❷
- 헬멧을 쓰지 않아서 생기는 사고 -

헬멧의 중요성

시속 50km 달리는 오토바이가
자동차와 충돌한다면?

헬멧은 안전에 필수!

헬멧 착용
중상
24%

헬멧 미착용
중상
99%

차와 충돌할 때
가장 큰 충격을 받는 곳 머리

오토바이 운전자 사망 원인
출처: 한국교통안전공단 2014~2018

- 기타 (31.1%)
- 머리 (41.4%)
- 가슴 (10.7%)
- 목 (3.4%)
- 얼굴 (13.5%)

그런데!
헬멧을 써도 목숨을 위협받는다?

같은 듯 다른 헬멧 때문!

오토바이 헬멧 전격 분석!

하프 페이스 (half-face)
머리를 감싸지만
안면이 노출되는 헬멧

오토바이 헬멧 전격 분석!

풀 페이스 (full-face)
머리와 안면
전체를 감싸는 형태의 헬멧

박살난 수박

깨지지 않은 수박

하프 페이스 vs 풀 페이스

헬멧 충격 실험

하프 페이스 헬멧

풀 페이스 헬멧

안전을 위해
풀 페이스 헬멧 착용!

헬멧 제대로 쓰는 방법은?

알아야 산다
헬멧 제대로 착용하는 법

알아야 산다
헬멧 제대로 착용하는 법

생존왕 TIP
오토바이를 탈 때는
얼굴 전체를 감싸주는 풀 페이스 헬멧 착용

턱끈을 꼭 고정하셔야 합니다!

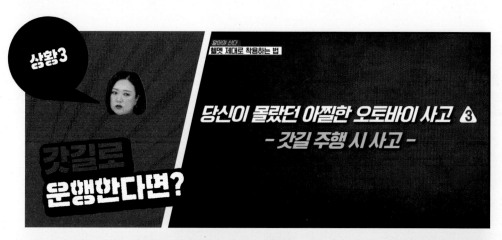

상황3

갓길로 운행한다면?

알아야 산다
헬멧 제대로 착용하는 법

당신이 몰랐던 아찔한 오토바이 사고 ③
- 갓길 주행 시 사고 -

오토바이 갓길 주행
얼마나 위험할까?

갓길 주행이 위험한 이유
① 울퉁불퉁 비포장도로

흔들

검증! 갓길 주행의 위험성

울퉁불퉁한 노면에
쉽게 흔들리는 오토바이

235

자동차가 오토바이 옆을 빠르게 지나가면 빨려 들어가는 현상이 발생해서 위험!

오토바이로 가정한 오뚝이

버스로 알아보는 오토바이 갓길 주행의 위험성!

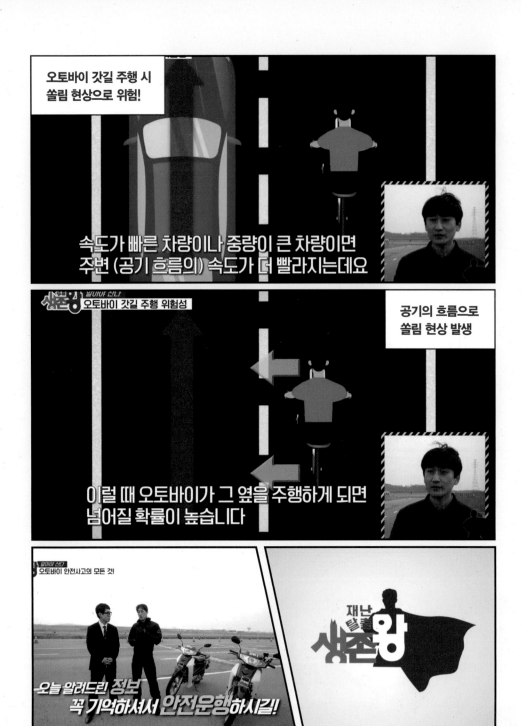

238

더 안전라이브
나를 감시하는 나쁜 눈
불법 촬영 카메라 확인법!

여자 화장실에서는
쉽게 발견되는 구멍의 정체는?

불법 촬영 범죄

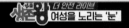

구멍 뚫어 몰카 설치해 동료 여직원 촬영한 남성

"화장실 구멍들, 소름끼쳐요"…'몰카' 범죄에 확산되는 공포

여성들 덮친 '화장실 몰카 포비아'… "구멍만 보면 두려워"
지난 4년간
불법 촬영 범죄 발생 건수
무려 2만 3천 337건

실제 구멍에서 발견된
불법 촬영 카메라

실리콘, 휴지, 스티커 등으로
구멍을 막은 상태

전문가가 알려주는
불법 촬영 카메라 식별법 공개!

불법 촬영 카메라 설치가 의심된다면
스마트폰을 이용해 확인하자!

불법 촬영 카메라 탐지법
스마트폰을 이용한 방법

숫자, 영문 무분별한 조합의 긴 와이파이는 불법 촬영 카메라 의심

와이파이 검색 후 와이파이 이름을 확인한다.

플래시 기능으로 찍은 사진 확대하니 숨겨진 카메라 렌즈 발견!

플래시 기능으로 액자를 촬영

숨어있던 카메라 렌즈 발견!

자나 깨나
불법 촬영 카메라 조심!

불법 촬영 행위,
불법 촬영물 공유는
모두 중대한 범죄라는
사실을 잊지 말자!

방심은 금물 자전거 사고

건강이나 여가활동을 위해 자전거를
이용하는 사람이 많다.

하지만 안전 수칙을 잘 지키지 않으면
즐거운 여가시간이 한순간에 사고로 얼룩질 수 있다.

안전한 자전거 타기, 어떻게 해야 할까?

생존왕 !

큰 부상으로 이어지는 자전거 사고

코로나19가 유행하면서 복잡한 대중교통 이용을 꺼리고 야외 운동이 가능한 자전거 타기가 인기다. 2020년 자전거 매출이 급증했고, 공유 자전거가 보급화되면서 자전거를 이용하는 사람이 점점 많아지고 있다.

그런데 안전에 주의하지 않으면 아찔한 사고로 이어질 수 있다.

2017년~2019년 3년간 발생한 자전거 사고는 4만 744건으로 사상자는 4만 2993명, 그중 사망자는 657명에 이른다.

자전거 사고의 원인은 무엇이고 어떻게 대처해야 하는지 알아본다.

알아야 산다!
지전거 사고 생존법

상황1

자전거가
보이지
않는다?

사고는 대부분
사각지대 때문에 일어나요

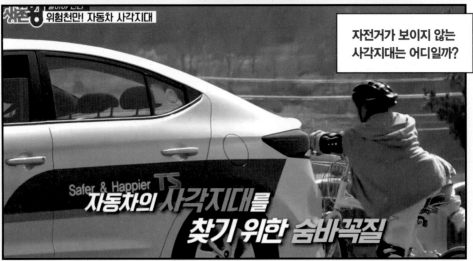

위험천만! 자동차 사각지대

자전거가 보이지 않는
사각지대는 어디일까?

Safer & Happier TS
자동차의 사각지대를
찾기 위한 숨바꼭질

244

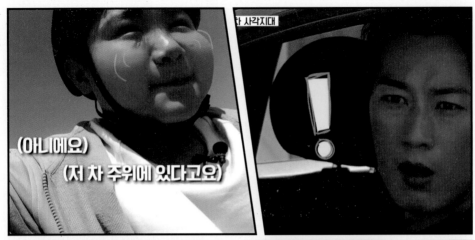

모두 조심해야 할
A필러 사각지대

A필러
(프런트 필러)
B필러
(센터 필러)
C필러
(리어 필러)

필러
차량의 차체와 지붕을 연결하는 기둥으로
차량을 튼튼하게 지탱하는 뼈대 역할

자동차 좌·우측 A필러
사각지대를 꼭 확인하자!

운전자가 당연히 본인을 볼 것으로 생각하지만

좌우측
A필러 사각지대 때문에 사고 발생

상황2

내리막길을 간다면?

...고 대처법

생존왕이 몸소 보여주는
내리막길 사고

자전거 넘어짐 사고 대처법

출

발

캡틴이 넘어진 이유는
무엇일까?

!!!

자전거 넘어짐 사고 여기서 끝이 아니다!

크 사용법

커브 길에서 브레이크를 잘못 조작하면?

미끄러져 넘어질 위험이 높다

살림왕 알아야 산다
자전거 브레이크 사용법

원심력
커브 길 바깥으로 튀어 나가려고 하는 자전거

자전거 브레이크 사용법

커브길 안전하게 도는 법

크 사용법

커브 길 진입 전 감속!

핸들만 꺾어 도는 건 위험!

자전거 브레이크 사용법

생존왕의 Tip

커브 길 바깥쪽으로
크게 원을 그리며 진입

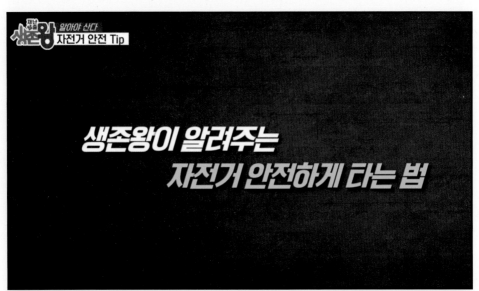

생존왕이 알려주는
자전거 안전하게 타는 법

신체에 맞는 자전거를 고를 것

안장 높이 조절 Tip
안장에 앉았을 때
발바닥 전체가 페달에 닿도록 높이 조절

안장 높이 조절 Tip
땅바닥에
발 앞꿈치가 닿는 정도가 적절

타이어는 굵은 게 더 안전

생존율 자전거 안전 Tip

안전 | 위험

프레임이 낮은 자전거 | 프레임이 높은 자전거

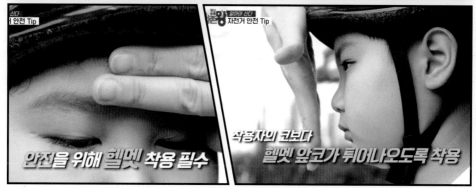

안전 Tip | 자전거 안전 Tip

안전을 위해 헬멧 착용 필수 | 착용자의 코보다 헬멧 앞코가 튀어나오도록 착용

생존왕 캡틴 초이의 생존노트

자전거의 브레이크 위치 확인하기

자전거를 탈 때 앞바퀴와 뒷바퀴 브레이크의 역할이 다르다. 앞바퀴는 강한 제동, 뒷바퀴는 속도를 줄여주는 역할을 한다. 2009년 이전에 생산된 자전거의 브레이크는 2010년 이후 생산된 브레이크와 위치가 다르니 꼭 브레이크의 위치를 확인해야 한다.

더 안전라이브
인류를 뒤흔든
코로나19 바이러스 예방법

마스크 선택만 잘해도
코로나19 막을 수 있다?!

사람이 기침을 할 때
약 3,000개의 비말 분사

마스크 종류에 따른
비말 차단 능력 확인

마스크는 정말 비말 차단에 효과적일까?

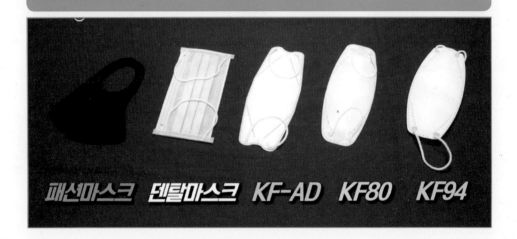

패션마스크 덴탈마스크 KF-AD KF80 KF94

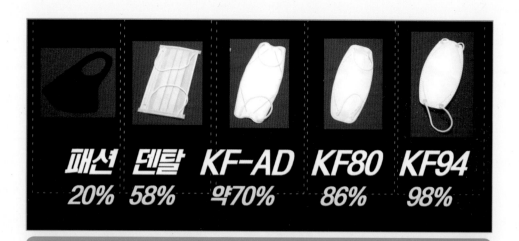

패션	덴탈	KF-AD	KF80	KF94
20%	58%	약70%	86%	98%

마스크 종류에 따라 확연한 차이를 보이는 비말 차단 능력!

우리가 꼭 지켜야할 코로나19 예방 수칙!

첫째 **밀폐공간에서 마스크 착용**

둘째 **단체 생활에서 음식 섭취 X**

셋째 **손 소독제 등 예방수칙 철저 준수**

2m 간격 **사회적 거리두기 실천**

우리 모두를 위해 방역수칙을 꼭 기억하고 실천하자!

의심 증상이 있다면

사람이 많이 모인 곳 절대 금지!

Foreign Copyright:
Joonwon Lee
Address: 3F, 127, Yanghwa-ro, Mapo-gu, Seoul, Republic of Korea
　　　　3rd　Floor
Telephone: 82-2-3142-4151
E-mail: jwlee@cyber.co.kr

상시 재난 시대! 대국민 안전 지침서

재난탈출 생존왕

2021. 8. 20. 1판 1쇄 인쇄
2021. 8. 27. 1판 1쇄 발행

지은이 | 재난주관방송사 KBS「재난탈출 생존왕」제작팀
펴낸이 | 이종춘
펴낸곳 | BM (주)도서출판 성안당

주　소 | 04032 서울시 마포구 양화로 127 첨단빌딩 3층(출판기획 R&D 센터)
　　　　 10881 경기도 파주시 문발로 112 파주 출판 문화도시(제작 및 물류)

전　화 | 02) 3142-0036
　　　　 031) 950-6300
팩　스 | 031) 955-0510
등　록 | 1973.2.1. 제406-2005-000046호
출판사 홈페이지 | **www.cyber.co.kr**
투고 및 문의 | heeheeda@naver.com
ISBN | 978-89-315-5773-3 (13690)
정가 | 17,000원

이 책을 만든 사람들
책임 　 | 최옥현
진행 　 | 전희경
구성 　 | 한선보 작가
교정·교열 | 김하영
본문·표지 디자인 | 디박스
국제부 | 이선민, 조혜란
영업 　 | 구본철, 차정욱, 나진호, 이동후, 강호묵
마케팅 | 장상범, 박지연
홍보 　 | 김계향, 유미나, 서세원
제작 　 | 김유석

■ 도서 A/S 안내